研学旅行

工作实务100问

彭其斌 主编

山东教育出版社

图书在版编目（CIP）数据

研学旅行工作实务100问 / 彭其斌主编． — 济南：山东
教育出版社，2019．9
ISBN 978-7-5701-0704-9

I. ①研… II. ①彭… III. ①中小学生-素质教育-
研究 IV. ①G631

中国版本图书馆CIP数据核字（2019）第173743号

YANXUE LÜXING GONGZUO SHIWU 100 WEN

研学旅行工作实务100问   彭其斌 主编

主管单位：山东出版传媒股份有限公司
出版发行：山东教育出版社
　　　　　地址：济南市纬一路321号　邮编：250001
　　　　　电话：（0531）82092660　网址：www.sjs.com.cn
印　　刷：济南万方盛景印刷有限公司
版　　次：2019年9月第1版
印　　次：2019年9月第1次印刷
开　　本：710毫米×1000毫米　1/16
印　　张：15.25
字　　数：305千
定　　价：35.00元

（如印装质量有问题，请与印刷厂联系调换）印厂电话：0531-88985701

编 委 会

主　任：逄坤敬

副主任：赵　娟　彭其斌　张令伟

主　编：彭其斌

副主编：赵　娟　张令伟　孔庆松　张雪梅　高　献

编　委：刘　波　李玉森　燕校龙　高　彬　李忠文

　　　　周亚婷　王　营　魏　葳　于万浩　张远杰

　　　　刘剑峰　张立立　张燕燕　部敬录　韩学英

序

　　2016年11月30日教育部等11部门颁布《关于推进中小学生研学旅行的意见》，由此拉开了我国中小学生研学旅行蓬勃发展的大幕，研学旅行作为一种全新的校外实践教育课程形态在中小学迅速展开。作为对学校研学旅行课程实施的有力支撑，各旅行社等相关机构也迅速参与到研学旅行业务中来。一时间研学旅行专业机构如雨后春笋，遍地开花。所以，2016年也被称为中国的研学旅行元年。

　　读万卷书，行万里路。毫无疑问，研学旅行是深化素质教育的实践探索，是促使学校教育从封闭走向开放，促使学生从书本走向实践，促进学生发展走向知行合一的一种现代课程形态。同时，研学旅行也是一种教育与文化旅游相结合的创新形式，对全面提升国民素质，促进我国文化旅游产业升级具有重要意义。

　　但我们也看到，作为一种全新的课程形态和文化旅游形式，无论是学校还是旅行社等从业机构，因为缺乏科学的理论指导和有效的标准规范，大家都在探索中实践，摸索中前行，在工作实践中不可避免地面临着各种困难和问题。各类机构的从业人员迫切需要对于研学旅行常见问题的专业指导。

在此背景下，很高兴地看到《研学旅行工作实务100问》由山东教育出版社出版。书中的100个问题，是编写组在工作实践和理论研究的基础上梳理的常见问题，绝大多数问题是工作实践问题，也兼顾了部分政策解读，以帮助大家更好地把握国家和地方的政策信息。这些问题都具有很强的针对性和实用性。这是一本研学旅行业界的工具书，是研学旅行从业人员的及时雨。

本书编写组既有研学旅行学术研究的专家，也有奋斗在研学旅行一线的管理人员；既有学校的教育工作者，也有研学旅行促进协会的从业人员，本书的出版是教育界和文化旅游界的一次成功合作。我们有理由相信，这本汇集了多方智慧和实践经验的研学旅行专著，一定能够给大家提供有益的帮助。

中共山东省委原副秘书长

山东省精品旅游促进会专家咨询委员会主任

杜文彬

2019年9月

目 录

第二编　研学旅行工作规范

第三编 研学旅行课程设计规范

第十三章 研学旅行手册制作规范 / 137

第四编 研学旅行课程实施规范

第十四章 行前课程 / 143

第十五章 行中课程 / 158

第一编

研学旅行政策解读

1. 国务院及相关部门在国家层面上出台了哪些与研学旅行相关的重要文件?

2013年国务院发布《国民休闲旅游纲要》，首次在国家层面上提出推进研学旅行。此后一大批与研学旅行相关的重要文件相继出台，我国的研学旅行进入了快速发展时期。这期间国家层面上发布的与研学旅行相关的政策文件主要有以下几种：

（1）《国民休闲旅游纲要》

发布部门：国务院

发布时间：2013年2月18日

《国民休闲旅游纲要》明确提出，"在放假时间总量不变的情况下，高等学校可结合实际调整寒、暑假时间，地方政府可以探索安排中小学放春假或秋假"，并提出了要"逐步推行中小学生研学旅行"，"鼓励学校组织学生进行寓教于游的课外实践活动，健全学校旅游责任保险制度"。

（2）《中小学学生赴境外研学旅行活动指南（试行）》

发布部门：教育部

发布时间：2014年7月14日

该《指南》对举办者安排活动的教学主题、教学内容、合作机构选择、合同订立、行程安排、行前培训、安全保障等内容提出了指导意见，特别在操作性方面，规范了带队教师人数、教学内容占比、协议规定事项、行前培训等具体内容，为整个行业活动制定了基本标准和规则。

（3）《关于促进旅游业改革发展的若干意见》

发布部门：国务院

发布时间：2014年8月21日

《关于促进旅游业改革发展的若干意见》中首次明确了"研学旅行"要纳入中小学生日常教育范畴。《意见》第（九）条提出了"积极开展研学旅行"的要求：

> 按照全面实施素质教育的要求，将研学旅行、夏令营、冬令营等作为青少年爱国主义和革命传统教育、国情教育的重要载体，纳入中小学生日常德育、美育、体育教育范畴，增进学生对自然和社会的认识，培养其社会责任感和实践能力。按照教育为本、安全第一的原则，建立小学阶段以乡土乡情研学为主、初中阶段以县情市情研学为主、高中阶段以省情国情研学为主的研学旅行体系。加强对研学旅行的管理，规范中小学生集体出国旅行。支持各地依托自然和文化遗产资源、大型公共设施、知名院校、工矿企业、科研机构，建设一批研学旅行基地，逐步完善接待体系。鼓励对研学旅行给予价格优惠。

（4）《关于推进中小学生研学旅行的意见》

发布部门：教育部、国家发展改革委、公安部、财政部、交通运输部、文化部、食品药品监管总局、国家旅游局、保监会、共青团中央、中国铁路总公司

发布时间：2016年11月30日

本《意见》对研学旅行给出了明确定义，指出中小学生研学旅行是由

教育部门和学校有计划地组织安排，通过集体旅行、集中食宿方式开展的研究性学习和旅行体验相结合的校外教育活动，是学校教育和校外教育衔接的创新形式，是教育教学的重要内容，是综合实践育人的有效途径。

《意见》明确提出了研学旅行工作的目标要求和工作原则，确定将研学旅行纳入中小学教育教学计划，并对研学旅行基地建设、组织管理、经费支持、课程评价、安全保障等各方面的工作给出了具体规定。

本《意见》的发布确立了研学旅行作为中小学课程的教学地位。

（5）《研学旅行服务规范》

发布部门：国家旅游局

发布时间：2016年12月19日

《研学旅行服务规范》是国家旅游局针对研学旅行实施做出的权威性的规范文件，其中对人员配置、产品分类、服务改进、安全管理提出了明确的要求。

《研学旅行服务规范》明确了研学旅行设计的各方责任、组织实施的标准，详细提出了研学旅行的安全性问题，是首份关于研学旅行的标准文件。

（6）《中小学德育工作指南》

发布部门：教育部

发布时间：2017年8月17日

《指南》明确要求学校要把研学旅行作为学校德育工作活动育人的重要内容纳入学校教育教学计划，以推进中小学生综合素质的提升。要求学校规范研学旅行的组织管理，制定研学旅行的工作规程，明确学校、家长和学生的责任和权利。

（7）《中小学综合实践活动课程指导纲要》

发布部门：教育部

发布时间：2017年9月25日

综合实践活动是国家义务教育和普通高中课程方案规定的必修课程，与学科课程并列设置，是基础教育课程体系的重要组成部分。

《中小学综合实践活动课程指导纲要》将研学旅行纳入学校教育学分系统，进一步确立了研学旅行的课程地位。

（8）《教育部办公厅关于公布第一批全国中小学生研学实践教育基地、营地名单的通知》

发布部门：教育部办公厅

发布时间：2017年12月6日

文件大致明确了中小学研学实践基地和营地应具备的基本条件，对研学旅行及营地教育从业者给出了示范参考。

2. 教育部等11部门《关于推进中小学生研学旅行的意见》提出了哪四项基本原则?

《关于推进中小学生研学旅行的意见》对研学旅行工作提出了四项基本原则。

（1）教育性原则。 研学旅行要结合学生身心特点、接受能力和实际需要，注重系统性、知识性、科学性和趣味性，为学生全面发展提供良好的成长空间。

（2）实践性原则。 研学旅行要因地制宜，呈现地域特色，引导学生走出校园，在与日常生活不同的环境中拓展视野、丰富知识、了解社会、亲近自然、参与体验。

（3）安全性原则。 研学旅行要坚持安全第一，建立安全保障机制，明确安全保障责任，落实安全保障措施，确保学生安全。

（4）公益性原则。 研学旅行不得开展以营利为目的的经营性创收，对贫困家庭学生要减免费用。

3. 教育部等11部门《关于推进中小学生研学旅行的意见》针对研学旅行工作提出了哪些主要任务？

（1）纳入中小学教育教学计划。各地教育行政部门要加强对中小学开展研学旅行的指导和帮助。各中小学要结合当地实际，把研学旅行纳入学校教育教学计划，与综合实践活动课程统筹考虑，促进研学旅行和学校课程有机融合，要精心设计研学旅行活动课程，做到立意高远、目的明确、活动生动、学习有效，避免"只旅不学"或"只学不旅"现象。学校根据教育教学计划灵活安排研学旅行时间，一般安排在小学四到六年级、初中一到二年级、高中一到二年级，尽量错开旅游高峰期。学校根据学段特点和地域特色，逐步建立小学阶段以乡土乡情为主、初中阶段以县情市情为主、高中阶段以省情国情为主的研学旅行活动课程体系。

（2）加强研学旅行基地建设。各地教育、文化、旅游、共青团等部门、组织密切合作，根据研学旅行育人目标，结合域情、校情、生情，依托自然和文化遗产资源、红色教育资源和综合实践基地、大型公共设施、知名院校、工矿企业、科研机构等，遴选建设一批安全适宜的中小学生研学旅行基地，探索建立基地的准入标准、退出机制和评价体系；要以基地为重要依托，积极推动资源共享和区域合作，打造一批示范性研学旅行精品线路，逐步形成布局合理、互联互通的研学旅行网络。各基地要将研学旅行作为理想信念教育、爱国主义教育、革命传统教育、国情教育的重要载体，突出祖国大好风光、民族悠久历史、优良革命传统和现代化建设成就，根据小学、初中、高中不同学段的研学旅行目标，有针对性地开发自然类、历史类、地理类、科技类、人文类、体验类等多种类型的活动课程。教育部将建设研学旅行网站，促进基地课程和学校师生间有效对接。

（3）规范研学旅行组织管理。各地教育行政部门和中小学要探索制定中小学生研学旅行工作规程，做到"活动有方案，行前有备案，应急有预案"。学校组织开展研学旅行可采取自行开展或委托开展的形式,提前拟定活动计划并按管理权限报教育行政部门备案,通过家长委员会、致家长的一封信或召开家长会等形式告知家长活动意义、时间安排、出行线路、费用收支、注意事项等信息,加强学生和教师的研学旅行事前培训和事后考核。学校自行开展研学旅行,要根据需要配备一定比例的学校领导、教师和安全员,也可吸收少数家长作为志愿者,负责学生活动管理和安全保障,与家长签订协议书,明确学校、家长、学生的责任权利。学校委托开展研学旅行,要与有资质、信誉好的委托企业或机构签订协议书,明确委托企业或机构承担学生研学旅行安全责任。

(4)**健全经费筹措机制**。各地可采取多种形式、多种渠道筹措中小学生研学旅行经费,探索建立政府、学校、社会、家庭共同承担的多元化经费筹措机制。交通部门对中小学生研学旅行公路和水路出行严格执行儿童票价优惠政策,铁路部门可根据研学旅行需求,在能力许可范围内积极安排好运力。文化、旅游等部门要对中小学生研学旅行实施减免场馆、景区、景点门票政策,提供优质旅游服务。保险监督管理机构会同教育行政部门推动将研学旅行纳入校方责任险范围,鼓励保险企业开发有针对性的产品,对投保费用实施优惠措施。鼓励通过社会捐赠、公益性活动等形式支持开展研学旅行。

(5)**建立安全责任体系**。各地要制订科学有效的中小学生研学旅行安全保障方案,探索建立行之有效的安全责任落实、事故处理、责任界定及纠纷处理机制,实施分级备案制度,做到层层落实、责任到人。教育行政部门负责督促学校落实安全责任,审核学校报送的活动方案(含保单信息)和应急预案。学校要做好行前安全教育工作,负责确认出行师生购买意外险,必须投保校方责任险,与家长签订安全责任书,与委托开展研学旅行的企业或机构签订安全责任书,明确各方安全责任。旅游部门负责审核开展研学旅行的企业或机构的准入条件和服务标准。交通部门负责督促有关运输企业检查学生出行的车、船等交通工具。公安、食品药品监管等部门加强对研学旅行涉及的住宿、餐饮等公共经营场所的安全监督，依法查处运送学生车辆的交通违法行为。保险监督管理机构负责指导保险行业提供并优化校方责任险、旅行社责任险等相关产品。

4.学校委托旅行社等机构开展研学旅行活动有政策依据吗？

教育部等11部门《关于推进中小学生研学旅行的意见》明确指出，"学校组织开展研学旅行可采取自行开展或委托开展的形式"，"学校委托开展研学旅行，要与有资质、信誉好的委托企业或机构签订协议书，明确委托企业或机构承担学生研学旅行安全责任"，"与委托开展研学旅行的企业或机构签订安全责任书，明确各方安全责任。旅游部门负责审核开展研学旅行的企业或机构的准入条件和服务标准"。

5.地方教育行政部门在推进研学旅行工作中应担负哪些责任？

（1）统筹协调。地方教育行政部门要牵头成立有发改、公安、财政、交通、文化、食品药品监管、旅游、保监和共青团等相关部门、组织共同参加的中小学生研学旅行工作协调小组，办事机构可设在地方校外教育联席会议办公室，加大对研学旅行工作的统筹规划和管理指导，结合本地实际情况制订相应工作方案，将职责层层分解落实到相关部门和单位，定期检查工作推进情况，加强督查督办，切实将好事办好。

（2）督查评价。各地教育行政部门要建立健全中小学生参加研学旅行的评价机制，把中小学组织学生参加研学旅行的情况和成效作为学校综合考评体系的重要内容。

（3）宣传引导。地方教育行政部门要在中小学广泛开展研学旅行实验区和示范校创建工作，充分培育、挖掘和提炼先进典型经验，以点带面，整体推进。各地要积极创新宣传内容和形式，向家长宣传研学旅行的重要意义，向学生宣传"读万卷书，行万里路"的重大作用，为研学旅行工作营造良好的社会环境和舆论氛围。

（4）**业务指导**。各地教育行政部门要加强对中小学开展研学旅行的指导和帮助。

（5）**资源建设**。各地教育、文化、旅游、共青团等部门、组织密切合作，根据研学旅行育人目标，结合域情、校情、生情，依托自然和文化遗产资源、红色教育资源和综合实践基地、大型公共设施、知名院校、工矿企业、科研机构等，遴选建设一批安全适宜的中小学生研学旅行基地，探索建立基地的准入标准、退出机制和评价体系；要以基地为重要依托，积极推动资源共享和区域合作，打造一批示范性研学旅行精品线路，逐步形成布局合理、互联互通的研学旅行网络。

（6）**制度管理**。各地教育行政部门和中小学要探索制定中小学生研学旅行工作规程，做到"活动有方案，行前有备案，应急有预案"。学校组织开展研学旅行可采取自行开展或委托开展的形式，提前拟定活动计划并按管理权限报教育行政部门备案。

（7）**安全督导**。教育行政部门负责督促学校落实安全责任，审核学校报送的活动方案（含保单信息）和应急预案。

6. 教育部《中小学德育工作指南》对研学旅行工作提出了哪些要求？

教育部《中小学德育工作指南》把研学旅行作为实践育人的重要内容，对研学旅行工作给出了重要指导意见。

把研学旅行纳入学校教育教学计划，促进研学旅行与学校课程、德育体验、实践锻炼有机融合，利用好研学实践基地，有针对性地开展自然类、历史类、地理类、科技类、人文类、体验类等多种类型的研学旅行活动。

要考虑小学、初中、高中不同学段学生的身心发展特点和能力，安排适合学生年龄特征的研学旅行。

要规范研学旅行组织管理，制定研学旅行工作规程，做到"活动有方案，行前有备案，应急有预案"，明确学校、家长、学生的责任和权利。

7. 2016年教育部发布了《中国学生发展核心素养》，这是研学旅行课程的重要理论依据之一。中国学生发展核心素养包括哪些内容？

学生发展核心素养，主要指学生应具备的、能够适应终身发展和社会发展需要的必备品格和关键能力。研究学生发展核心素养是落实立德树人根本任务的一项重要举措，也是适应世界教育改革发展趋势、提升我国教育国际竞争力的迫切需要。

中国学生发展核心素养以培养"全面发展的人"为核心，分为文化基础、自主发展、社会参与三个方面，综合表现为人文底蕴、科学精神、学会学习、健康生活、责任担当、实践创新等六大素养，具体细化为国家认同等18个基本要点。各素养之间相互联系、相互补充、相互促进，在不同情境中整体发挥作用。

中国学生发展核心素养的内涵包括以下几个方面：

（1）文化基础

文化是人存在的根和魂。文化基础，重在强调能习得人文、科学等各领域的知识和技能，掌握和运用人类优秀智慧成果，涵养内在精神，追求真善美的统一，发展成为有宽厚文化基础、有更高精神追求的人。

1）人文底蕴

主要是学生在学习、理解、运用人文领域知识和技能等方面所形成的基本能力、情感态度和价值取向。具体包括人文积淀、人文情怀和审美情趣等基本要点。

2）科学精神

主要是学生在学习、理解、运用科学知识和技能等方面所形成的价值标准、思维方式和行为表现。具体包括理性思维、批判质疑、勇于探究等基本要点。

（2）自主发展

自主性是人作为主体的根本属性。自主发展，重在强调能有效管理自己的学习和生活，认识和发现自我价值，发掘自身潜力，有效应对复杂多变的环境，成就出彩人生，发展成为有明确人生方向、有生活品质的人。

1）学会学习

主要是学生在学习意识形成、学习方式方法选择、学习进程评估调控等方面的综合表现。具体包括乐学善学、勤于反思、信息意识等基本要点。

2）健康生活

主要是学生在认识自我、发展身心、规划人生等方面的综合表现。具体包括珍爱生命、健全人格、自我管理等基本要点。

（3）社会参与

社会性是人的本质属性。社会参与，重在强调能处理好自我与社会的关系，养成现代公民所必须遵守和履行的道德准则和行为规范，增强社会责任感，提升创新精神和实践能力，促进个人价值实现，推动社会发展进步，发展成为有理想信念、敢于担当的人。

1）责任担当

主要是学生在处理与社会、国家、国际等关系方面所形成的情感态度、价值取向和行为方式。具体包括社会责任、国家认同、国际理解等基本要点。

2）实践创新

主要是学生在日常活动、问题解决、适应挑战等方面所形成的实践能力、创新意识和行为表现。具体包括劳动意识、问题解决、技术应用等基本要点。

中国学生发展核心素养体系的颁布，明确了学生应具备的适应终身发展和社会发展需要的必备品格和关键能力。对于核心素养体系中的绝大多数要素指标，研学旅行课程都是很好的教育载体。中国学生发展核心素养培养体系，是制定研学旅行课程目标的重要依据，为研学旅行课程提供了坚实的新的理论基础。

8. 教育部《中小学综合实践活动课程指导纲要》的主要精神是什么？对研学旅行工作有什么意义？

教育部《中小学综合实践活动课程指导纲要》主要精神是强化实践育人，明确指出综合实践活动是重要的育人载体，将综合实践活动提升到课程高度，对中小学规范实施综合实践活动课程提出了具体的要求，明确综合实践活动是国家义务教育和普通高中课程方案规定的必修课程，是贯彻落实党的教育方针的重要举措，是提升学生综合素质的主要抓手，对于当前贯彻落实党的十九大精神、全面推进素质教育具有重要意义。

《纲要》强化了实践育人导向，强化了对综合实践活动课程实施过程的具体指导，对活动规划、教学指导、管理保障等提出了具体要求；针对不同学段、不同活动类型确定了重点活动主题，对活动目标、内容、方式等做出了具体说明。

《纲要》指出研学旅行属于综合实践活动课程的主要课程形态之一，为学校开设研学旅行课程提供了政策和理论支持。通过研学旅行课程内容的预设，通过融合考察探究、社会服务和职业体验活动实现价值体认、责任担当、问题解决、创意物化四个方面的课程目标；引导学生体认、践行社会主义核心价值观，热爱中国共产党，热爱祖国，热爱劳动，培养社会责任感、创新精神和实践能力；通过探究、体验等方式进行学习，综合运用各学科知识分析、解决现实问题，全面落实中国学生发展核心素养，提高学生综合素质。

第二章

政策文件

各地关于研学旅行的

9. 各地出台了哪些与研学旅行相关的地方性政策文件?

地区		时间	研学政策文件
北京市	教育委员会	2018.1	《关于初中综合社会实践活动、开放性科学实践活动计入中考成绩有关事项的通知》
上海市	教育委员会	2017.5	转发《教育部等11部门关于推进中小学生研学旅行的意见》
重庆市	黔江区	2017.12	《黔江区中小学社会实践教育暨研学旅行实验区建设实施方案》
	大渡口区	2018.3	《关于进一步深化中小学生研学旅行试点工作的实施意见》
	渝中区	2018.8	《渝中区教育工作委员会关于进一步加强和推进中小学研学旅行工作的实施意见》
天津市	教育委员会	2017.11	《关于认真做好研学旅行工作的通知》
山东省	省教育厅	2018.7	《关于公布第一批全省中小学生研学实践教育基地名单的通知》
	烟台市	2017.8	《烟台市教育局等13部门关于印发烟台市推进中小学生研学旅行工作实施方案的通知》
	青岛市	2018.1	《青岛市中小学研学旅行工作管理办法（试行）》
浙江省	省教育厅	2018.5	《推进中小学生研学旅行的实施意见》
	湖州市	2018.9	《关于推进中小学生研学旅行的实施意见》
安徽省	省教育厅	2018.4	安徽省教育厅等部门《关于推进中小学生研学旅行的实施意见》
河南省	省教育厅	2017.9	《关于组织实施2017年度中央专项彩票公益基金支持校外活动保障和能力提升项目工作的通知》
湖北省	省教育厅	2018.1	《湖北省中小学生研学旅行服务单位基本条件》
	武汉市	2017.8	《武汉市推进全国中小学研学旅行实验区工作实施方案》
湖南省	省教育厅	2017.12	《关于推进中小学研学旅行工作的实施意见》
	长沙市	2018.1	《关于推进长沙市中小学生研学旅行工作的实施意见》
	湘潭市	2018.7	《关于深入推进湘潭市中小学生研学旅行工作的实施意见》
陕西省	省教育厅	2018.6	举办全省中小学生研学旅行推进会
	西安市	2016.11	《关于推进中小学研学旅行工作的实施意见》
广东省	省教育厅	2018.8	《关于推进中小学生研学旅行的实施意见》
福建省	省教育厅	2018.7	《福建省中小学生研学实践教育基地、营地名单的通知》
江西省	省教育厅	2018.7	《关于推进全省中小学生研学旅行的实施意见》
	赣州市	2017.11	《关于推进全市中小学生研学旅行的实施意见》
	南昌市	2018.3	《关于推进全市中小学生研学旅行工作的实施意见》
海南省	省教育厅	2017.12	《关于推进中小学生研学旅行的实施意见》
四川省	省教育厅	2017.11	《关于推进中小学生研学旅行的实施意见》
甘肃省	省教育厅	2017.6	《关于开展中小学生研学旅行工作的意见》
黑龙江	省教育厅	2017.11	《关于推进中小学生研学旅行的实施意见》

注: 以上统计截至2018年底。

10. 各地方政策文件对研学旅行的时间安排和活动内容都给出了明确要求，这些要求有什么异同？

（1）陕西省《关于推进中小学生研学旅行的实施意见》

发布部门：陕西省教育厅、陕西省发展和改革委员会、陕西省公安厅、陕西省财政厅、陕西省交通运输厅、陕西省文化厅、陕西省食品药品监督管理局、陕西省文物局、陕西省旅游局、中国保监会陕西监管局、共青团陕西省委员会、西安铁路局

发布时间：2017年4月12日

陕西省的实施意见明确了陕西省的历史文化地位，指出陕西是中华文明的重要发祥地之一，有周、秦、汉、唐等14个王朝建都史。陕西是中国革命的摇篮，延安等红色文化影响深远。近年来，已将研学旅行纳入践行社会主义核心价值观教育之中，广泛开展"新要求·大实践"系列教育活动。

陕西省实施意见特别提出了第五条原则——协同性原则，指出"研学旅行是个系统工程，涉及的部门、单位一定要统筹协作，分工负责，创新体制机制，形成合力，资源共享"。

实施意见中还特别明确了要强化研学旅行育人功能。中小学校要将研学旅行作为中华优秀传统文化教育、理想信念教育、爱国主义教育、革命传统教育、国情教育的重要载体，突出研学旅行育人功能，精心设计研学旅行活动计划和方案，发挥研学旅行与学校课程不同的育人作用，做到立意高远、目的明确、活动生动、学生自主、学习有效，避免"只旅不学"或"只学不旅"现象。各级教育行政部门和教科研部门要研究制订研学旅行评价标准和评估体系，促进中小学校不断改进研学旅行的育人效果，增强育人功能。教育行政部门和中小学要加强对研学旅行的考核，并将学生参加研学旅行纳入综合素质评价体系。实施意见除了常规的研学旅行路线

外又专门明确有条件的学校可开展与境外特别是港澳台学校的校际双向交流互动，拓展学生国际视野。

加强专业人员队伍建设。中小学要确定相应的管理人员和教师专门负责研学旅行工作，提高研学旅行在课程开发、主题确定、组织管理、后勤保障及安全管理方面的专业性，教育、人社部门要探索校外教育和研学旅行专业人员的职称晋升评定标准。学校管理人员、专职教师和工作人员组织研学旅行活动要计入教育教学工作量。

（2）山东省《推进中小学生研学旅行工作实施方案》

发布部门：山东省教育厅、山东省发展和改革委员会、山东省公安厅、山东省财政厅、山东省交通运输厅、山东省文化厅、山东省林业厅、山东省食品药品监督管理局、山东省旅游发展委员会、中国保监会山东监管局、共青团山东省委、济南铁路局

发布时间：2017年7月4日

文件明确了山东省开展中小学研学旅行工作的政策措施，提出要"设计开发富有山东特色的研学旅行课程体系"。文件还明确规定："学校每学年安排集体研学旅行不少于2次，一般安排在小学四到六年级、初中一到二年级、高中一到二年级，尽量错开旅游高峰期。逐步建立小学阶段以乡土乡情为主、初中阶段以县情市情为主、高中阶段以省情国情为主的研学旅行活动课程体系。"

（3）江西省《关于推进全省中小学生研学旅行的实施意见》

发布部门：江西省教育厅、江西省发展和改革委员会、江西省公安厅、江西省财政厅、江西省交通运输厅、江西省文化厅、江西省食品药品监督管理局、江西省旅游发展委员会、中国保监会江西监管局、共青团江西省委、南昌铁路局

发布时间：2017年7月6日

江西省的实施意见指出，要灵活安排时间，每学年安排1～2次的研学

旅行，一般每次小学1~2天、初中2~3天、高中3~4天。同时要建设各地的研学基地，形成研学网络。要求各地教育行政部门以基地为重要依托，积极推动资源共享和区域合作，精心打造一批示范性研学旅行精品线路，逐步形成布局合理、互联互通的研学旅行网络。特别指出了要围绕"红色之旅"设计线路，充分利用江西省红色资源，突出"寻访红色足迹，传承红色基因"主题开展研学旅行活动；要围绕"绿色之旅"设计线路，充分利用江西省丰富的生态资源，培养中小学生绿色生活理念和环境保护意识，为打造"美丽中国"江西样板而努力；要围绕"古色之旅"设计线路，充分利用江西省深厚的历史文化积淀，让学生知晓优秀传统文化并加以弘扬。各县（市、区）教育行政部门要先期确定2~4条县域的中小学生研学旅行精品线路，在此基础上，各设区市遴选确定3~5条市级的中小学生研学旅行精品线路。江西省教育厅将在官方网站开设"研学旅行"频道，促进基地课程和学校师生间有效对接。

（4）四川省教育厅等11部门《关于推进中小学生研学旅行的实施意见》

发布部门：四川省教育厅、四川省发展和改革委员会、四川省公安厅、四川省财政厅、四川省交通运输厅、四川省文化厅、四川省食品药品监督管理局、四川省旅游发展委员会、中国保险监督管理委员会四川监管局、共青团四川省委、成都铁路局

发布时间：2017年11月22日

文件鼓励开发建设研学旅行校本课程体系。具体要求如下：各地要充分利用、挖掘当地自然资源和人文资源，结合学段特点和地域特色，逐步建立小学阶段以乡土乡情为主、初中阶段以县情市情为主、高中阶段以省情国情为主的研学旅行活动课程体系，要明确研学旅行的研究课题、研究方法，活动结束后要形成研究报告，确保学生"研有所得"，确保活动取得实效。有条件的学校也可以组织国外研学旅行活动。各地可以将中小学研学旅行编入校本教材，鼓励学校以具体的研学旅行活动实践情况为参照，

不断完善、优化活动方案，积极构建包括目标体系、操作体系、评价体系等内容在内的研学旅行校本课程体系。

同时，文件专门指出要建设一批具有四川特色的研学旅行基地，并给出了具体的建设方向。文件指出：四川历史悠久，民族众多，文化灿烂，自然风光绚丽多彩，旅游资源丰富。各地教育、文化、旅游、共青团等部门、组织要密切合作，根据研学旅行育人目标，挖掘、开发本地丰富的自然、人文和产业资源，结合域情、校情、生情，依托本省大熊猫栖息地、都江堰等资源打造一批世界遗产研学旅行基地；依托泸定桥、彝海结盟地等红军长征线路及邓小平故居、川陕革命根据地等资源打造一批红色教育研学旅行基地；依托金沙遗址、四川博物院等资源打造一批文博研学旅行基地；依托四川大学、西南交通大学等打造一批知名院校科技研学旅行基地；还可以依托各地综合实践基地、大型公共设施、各类工矿企业、科研实验室、减灾教育馆等，遴选建设一批布局合理、类别多样、资源丰富、安全适宜、具有四川特色的中小学生研学旅行基地和示范型研学旅行精品线路，逐步形成立足四川、联通全国的研学旅行网络。

四川省还公布了四川省中小学研学旅行工作协调小组及联络人员名单，联络人员由各个职能部门对应处室的主要负责人担任，让研学旅行各部门之间的协调更有效率。

（5）安徽省教育厅等10部门《关于推进中小学生研学旅行的实施意见》

发布部门：安徽省教育厅、安徽省发展和改革委员会、安徽省公安厅、安徽省财政厅、安徽省交通运输厅、安徽省文化厅、安徽省食品药品监督管理局、安徽省旅游发展委员会、中国保险监督管理委员会安徽监管局、共青团安徽省委员会

发布时间：2018年3月19日

文件明确指出研学旅行要纳入中小学生学业评价体系："将小学生研学旅行情况记入学期评价和毕业评价，将中学生研学旅行情况作为学生综合

素质评价'社会实践'内容进行记录和评价。"尤其对于高中生，研学旅行将成为高考综合素质评价中必要的一环。文件也指出要合理安排研学旅行时间，并给出了各年级的时间安排建议。各地教育行政部门和学校要根据教育教学计划，合理安排研学旅行学段和时间。原则上，研学旅行安排在小学四到六年级、初中一到二年级、高中一到二年级。原则上每个学生在小学、初中、高中就学期间，各参加一次研学旅行；每次小学1～2天、初中3～4天、高中5～6天。小学以县区内研学旅行为主，初中以市内研学旅行为主，高中以省内研学旅行为主，研学旅行时间应尽量避开旅游高峰期。对于境外研学旅行，文件也给出了明确的支持意见："各地应提倡以国内研学旅行为主，有条件开展境外研学旅行尝试的，须严格按照教育部《中小学学生赴境外研学旅行活动指南（试行）》规定进行。"

文件还明确提出了研学基地建设的要求，通过3～5年的努力，每个市、县（市、区）打造出若干个特色明显、内容充实的研学旅行基地，形成1～2条相对成熟的研学旅行路线，全省公布一批省级研学旅行基地和若干条具有示范引领作用的研学旅行路线。

（6）安徽省教育厅印发《关于进一步严格规范中小学生研学旅行的通知》

发布部门：安徽省教育厅

发布时间：2019年6月17日

安徽省教育厅印发《关于进一步严格规范中小学生研学旅行的通知》，进一步严格规范中小学研学旅行有关事宜，切实推进中小学研学旅行向深层次、广覆盖、高质量发展。《通知》有一个非常重要的亮点，就是更加突出了"家委会"的重要位置——"要严格规范研学旅行线路，按照'三为主'（小学以县内为主，初中以市内为主，高中以省内为主）的规定……确需突破的……经学校家委会表决通过"。安徽省教育厅此次发文，对近期研学旅行活动中出现的一些行为进行了明确的纠偏——"严禁组织或放任学生去不适合未成年人出现或活动的场所"，"严禁组织或放任学生接受有悖于科学性的负能量方面的知识教育和信息宣传","严禁以传播国学为名组织或放任学生参加目的和效果不明确的授课、活动或仪式",

"严禁组织或放任学生参加不利于其身心健康发展的各类实践活动","禁止学校或与学校有利益关系的企业借研学旅行进行创收和获利","突出研学旅行的教育功能，防止背离目标，盲目追求线路的旅游价值","禁止相关人员借研学旅行之名行免费旅游之实"，确保研学旅行沿着正确的方向规范进行，真正起到实践育人的作用。

（7）浙江省教育厅等10部门《关于推进中小学生研学旅行的实施意见》

发布部门：浙江省教育厅、浙江省旅游局、浙江省发展和改革委员会、浙江省公安厅、浙江省财政厅、浙江省交通运输厅、浙江省文化厅、浙江省食品药品监督管理局、共青团浙江省委员会、中国保监会浙江监管局

发布时间：2018年7月6日

文件中基本原则增加一项——普及性原则，强调了研学旅行的参与面为全体中小学生。要求"学校组织的研学旅行必须坚持以学生为主体、面向全体中小学生，保障每一个学生都能享有均等的参与机会"。针对研学基地建设方面，以"学天下、行天下、成天下"为主线，提出了通过"主题串连式研学线路"链接全省研学资源的思路。要求各地教育、旅游等部门结合地域特色，按一定主题，精心筛选打造3~5条面向本区域的示范性研学旅行精品线路。围绕"红色之旅"主题，利用本省丰富的红色资源，突出"寻访红色足迹，传承红色基因"主题开展研学旅行活动；围绕"生态之旅"主题，利用本省丰富的绿水青山、海洋资源、美丽乡村、特色小镇、生态保护区等开展研学旅行活动；围绕"文化之旅"主题，利用本省丰富的文化遗产、非遗传承、名人足迹、地域风情、博物馆藏等开展研学旅行活动；围绕"活力之旅"主题，利用本省各地改革开放、科技创新的生动实践样板和高等院校、研发机构、科普基地、市场港口、知名企业等

开展研学旅行活动。

文件对各学段研学旅行时间安排给出了指导意见。中小学各学段研学旅行一般安排在小学四五六年级、初中一二年级、高中一二年级。一般情况下，学校每学年安排1~2次研学旅行活动，每学年合计安排研学旅行活动小学3~4天、初中4~6天、高中6~8天。在研学旅行时间安排上浙江是目前各省中最长的。

另外，文件还创新性地提出了研学活动服务评价的平台建设问题：建设高效便捷的研学活动服务和评价体系。提出各地可借鉴温州市鹿城区基于"学生社会大课堂"智能微信平台的研学服务和评价运作模式，积极建立并完善集信息提供（区域内和省级研学营地基地资源信息）、课程呈现（研学实践课程内容）、活动记录（进入营地基地通过定位、扫码等的显示和活动课程参与情况的实时记录）、评价反馈（包括对学生参与活动评价和对营地、基地服务满意度评价）等板块于一体闭环运行的研学活动服务和评价体系，积极为家庭带领孩子参加省内外研学活动提供人性化的服务支撑，为家庭亲子研学旅行提供实时记录。各地教育部门和学校应通过智能平台及时掌握相关研学活动生成的信息，分析评价学生研学旅行开展情况和成效。努力实现研学旅行分层级、分区域、全过程的信息化管理服务和全方位的活动反馈评价。

（8）河南省教育厅等10部门《关于推进中小学生研学旅行的实施方案》

发布部门：河南省教育厅、河南省发展和改革委员会、河南省公安厅、河南省财政厅、河南省交通运输厅、河南省文化和旅游厅、河南省市场监督管理局、中国银行保险监督管理委员会河南监管局（原河南保监局代章）、中国共产主义青年团河南省委员会、中国铁路郑州局集团有限公司

发布时间：2019年3月11日

河南省《实施方案》基本原则中也加入了协同性原则。成立了"河南省中小学生研学旅行工作领导小组"，公示的小组人员均为参与制定文件的

10部门的副厅长或者主要副职。领导小组办公室设在省教育厅基础教育一处，负责领导小组日常工作。

该《实施方案》明确规定了研学旅行的时间，要求"学校根据教育教学计划在正常上课时间灵活安排"，每学年安排一至两次研学旅行。进一步落实了研学旅行的课程地位，真正把学生的假期还给学生去自主安排。研学旅行时间的表述里面首次出现了中等职业学校，与高中并列，扩大了研学旅行课程的覆盖面。

该《实施方案》提出要加强专业人员队伍建设，研学旅行工作要实行校长负责制，要确定相应的管理人员和教师作为研学旅行活动负责人，对家长参与的要求比较低。要求有计划地培养一批研学旅行专业人员，按照不同学段学生的年龄特点、认知规律，组织开展研学旅行的组织管理、安全管理、后期保障和突发事件应急处置等方面的专业培训，提升辅导学生学习体验等方面的知识与技能，将培训纳入河南省中小学教师继续教育培训体系。学校教师组织研学旅行活动要计入教育教学工作量。学校开展研学旅行，需要配备一定比例的学校领导、教师和安全员，也可吸收少数家长作为志愿者负责学生活动管理和安全保障工作，要与家长签订协议书，明确学校、家长、学生的责任权利。

通观各省市的研学旅行指导意见或者方案，可以发现各省市在落实教育部等11部门发布的《关于推进中小学生研学旅行的意见》的基础上，都结合本省市实际情况对研学旅行工作做出了进一步的具体规定，注重各部门的协同运作，对研学旅行的时间安排、各个学段学生学习时长做出了明确规定。各省份要求根据本省的资源创建研学旅行基地，开发核心线路课程，既要"旅行"，更要"研学"，要把研学旅行当作一门国家课程来设计和实施；强调研学旅行的课程性质和公益性，对研学旅行的营利行为进行了限制。很多省份把研学旅行教师队伍建设作为重要内容写入了实施意见，对保障研学旅行健康可持续发展具有重要意义。

第二编

研学旅行工作规范

11. 学校应建立什么样的研学旅行管理体系？

一般来说，学校应建立三级研学旅行管理体系。

（1）学校研学旅行工作领导小组

对学校研学旅行工作负领导责任，校长为第一责任人。具体责任为：

第一，组织制定、审核学校研学旅行管理制度，包括学校研学旅行工作规程、研学旅行课程实施方案、研学旅行课程招标方案、学校研学旅行安全保障方案、学校综合应急预案和专项应急预案；审核承办方提交的课程方案，审核承办方提交的课程安全应急预案。

第二，指导学校研学旅行工作小组和研学旅行主管科室规范实施研学旅行课程，履行课程管理和安全管理职责。

第三，落实研学旅行课程实施过程中的安全报告制度，每日听取研学领队的安全报告，并及时指导研学导师团队的工作。

第四，发生安全事故时执行安全预案，调度指挥应急处置。

第五，对违规行为进行处置，对造成重大损失的行为进行追责。

（2）学校研学旅行工作小组

学校研学旅行工作小组通常由主管科室负责人、相关年级负责人为主组成，一般由分管校长任组长。具体责任为：

第一，负责制定学校研学旅行各项管理制度，组织实施课程招标工作，制订课程实施方案，制订学校研学旅行安全保障方案，制订学校综合应急预案和专项应急预案；初步审查承办方提交的课程方案和安全应急预案。

第二，具体组织实施研学旅行课程，制订针对每一次研学旅行课程实际情况的安全保障方案和专项安全预案，严格落实风险管理责任，全面履行安全管理职责。

第三，对研学旅行课程实施过程进行全程监控，与研学导师团队保持密切联系，及时指导处置各类偶发和突发问题。

第四，发生安全事故时执行安全应急预案，根据预警等级响应条件，协助校长调度指挥应急处置。

第五，行前对教师和学生进行必要的安全培训，全面组织实施行后课程。

（3）年级研学旅行课程实施小组

年级课程实施小组要根据课程线路规划组建每条线路的研学导师团队，研学导师团队是研学旅行课程执行小组。学校领队和带队教师与承办方的研学导师一起组成研学导师团队，具体负责课程实施。学校领队一般由学校的一名中层干部担任。学校研学导师团队的责任如下：

第一，与承办方导师团队密切配合，具体负责课程实施。在课程实施过程中确保研学旅行课程目标的落实，严格执行学校研学旅行安全管理制度，切实保障学生安全。

第二，承担课程实施的监督责任，监督承办方课程计划的落实和课程实施的规范，监督承办方安全管理措施的落实情况。对承办方的课程实施情况进行全面监督，特别是对课程实施过程中的安全管理情况，要与承办方团队及时沟通。

第三，与承办方团队一起对研学旅行课程实施的全过程进行风险监控，及时识别风险隐患，监控风险条件的变化，随时根据风险变化调整风险控制规划。

第四，发生安全事故时根据事故情况启动应急预案，按照预案规定的处置规程及时进行现场处置，按照规定进行报告。

第五，收集事故发生原因及处置的证据材料并进行证据固定，以便事故善后处理时使用。

第六，对承办方课程实施情况做出评价。

12. 学校如何制定研学旅行工作规程？

学校研学旅行工作规程，一般应包括指导思想、工作原则、任务规划、课程建设、教师培训、工作规范、安全管理、考核评价、组织领导等内容。

（1）**指导思想**。学校研学旅行指导思想要符合研学旅行课程的基本理念和课程理论，能够结合学校的发展理念和工作实际，对学校研学旅行的发展方向起到指导和引领作用。

（2）**工作原则**。应依据教育部等11部门颁布的《关于推进中小学研学旅行的意见》以及本省（市、自治区）发布的实施意见所确定的工作原则，结合课程建设、工作规范等方面的具体需要，制订学校研学旅行工作原则。

（3）**任务规划**。确定学校研学旅行实施的年级和课程实施的频次，规划课程实施的线路课程主题，以及研学旅行课程实施的时间安排。

（4）**课程建设**。制订学校研学旅行课程开发规划、研学旅行课程设计及课程实施规范。

（5）**教师培训**。制订学校教师研学旅行培训计划，根据研学旅行所需要的知识结构和能力标准确定教师培训课程体系，明确教师培训的工作目标和工作任务。

（6）**工作规范**。对研学旅行工作的招标、行前课程、行中课程、行后课程、家长委员会参与研学旅行事务的工作标准和流程做出规范。

（7）**安全管理**。对研学旅行安全管理的内容进行界定，对安全管理制度建设提出规划和安排，对风险管理、应急预案、事故处置、责任追究等内容做出具体阐释。

（8）**考核评价**。分别对学生和教师制订考核评价的具体要求。

（9）**组织领导**。制订学校研学旅行管理体系，确定人力物力保障措施。

13. 学校如何建立研学旅行安全管理机制?

学校研学旅行安全管理机制应包括安全管理机制、安全培训机制、安全监控机制和安全保障机制。

（1）研学旅行安全管理岗位责任制度

学校应建立研学旅行安全三级岗位责任体系。学校研学旅行工作领导小组、学校研学旅行工作小组、研学导师团队应根据第11问所确定的各级岗位责任制订相应的具体明确的安全工作岗位职责。

（2）研学旅行安全管理培训机制

安全培训是学校研学旅行安全管理的重要内容，包括对教师的培训和对学生的培训。

1）对教师的安全培训

① 研学旅行安全管理通识培训

第一，研学旅行风险管理知识培训。学校研学旅行带队教师应掌握风险管理的专业知识，了解研学旅行风险的特征，能够有效进行风险识别、风险评估、风险监控和风险处置，切实降低风险发生的可能性，在安全事故发生时，能够进行科学高效的应急处理，使损失降低到最低限度。

第二，研学旅行安全管理的基本措施。学校研学旅行带队教师要具备安全注意事项、安全防范措施和安全应急预案等安全管理措施的制订、评价和执行能力，学校应该对教师进行相关知识和能力的培训。

②研学旅行课程实施过程中的组织管理能力培训

研学旅行的课程实施环境和条件，完全不同于教师所熟悉的课堂教学环境，对教师管理学生的能力提出了更高的要求。要通过学生管理知识培训，使带队教师掌握研学旅行过程中不同学习环境下的活动组织与管理技能，具备与承办方、供应方、学生、家长、当地民众进行沟通的能力，掌握集体活动中的协调能力，具备突发事件的现场处置能力、特殊学生的心理疏导能力，以及常见疾病与创伤的紧急处置能力等。

③研学旅行课程安全评价培训

学校带队教师在研学旅行课程实施过程中负有对承办方课程实施情况进行监督和评价的重要责任。要通过研学旅行课程培训，让教师掌握课程评价标准和方法，提高课程实施的监督和评价能力。

④研学旅行安全管理研究培训

研学旅行是一个新的课程形态，研学旅行安全管理也是一个新的学术领域。学校可以通过培训，提高教师的研学旅行安全管理学术研究意识和研究能力，为研学旅行安全管理学术建设做出贡献，促进教师专业能力的提升。

⑤研学旅行过程中自身的安全防护

研学旅行过程中教师也要掌握在各种环境下自身安全防护的常识，这也应该是安全培训的重要内容。

2）对学生的安全培训

①按照研学旅行安全事故分类对学生进行安全知识培训。

通过安全培训使学生掌握不同属性的学习资源环境和活动情境下的安全行为规范，熟练掌握每一个学习单元的安全注意事项，最大限度地避免自身行为导致的事故的发生。

②学生研学旅行安全行为的"四不伤害原则"。

第一，不伤害自己。

学生在研学旅行过程中要学会做自己安全管理的第一责任人，切实执行安全注意事项的相关要求，特别是要严格执行注意事项所规定的禁止性行为，保护自己免受伤害。

第二，不伤害他人。

研学旅行是集体生活和学习的实践课程，在课程实施中，不能因为自己的行为给他人造成伤害。比如在拥挤的环境中要约束自己的行为和动作，不能对身边的人造成妨碍；在陡峭的山坡环境下要注意自己的随身物品和脚下石子，不能因为落石或落物对下方的人造成伤害；在岸边和船上不与人打闹，以免造成溺水事故等。在拓展训练时要相互配合，顾及他人的安全。

第三，不被他人伤害。

不被他人伤害，即每个人都要加强自我防范意识，要避免学习过程中他人的过失行为或各类隐患对自己造成伤害。

注意观察学习环境中的不安全因素，要加强警觉，一旦发现险情，要及时制止和纠正他人的不安全行为并及时消除险情，要避免因他人失误给自己带来的伤害。一旦发现周围人有违反安全管理规定的现象，必须敢于抵制，及时果断处理隐患并报告带队老师，如果想着"事不关己"，不及时制止，一旦发生事故，就有可能危及自己。

第四，保护他人不被伤害。

团队中的每个成员都是团队中的一份子，作为团队的一员有关心爱护他人的责任和义务，不仅要注意自身安全，还要保护团队的其他人员不受伤害。

要保护他人不受伤害，应该做到以下几个方面：任何人在任何地方发现任何事故隐患都要主动告知或提示他人并及时报告带队老师；提示他人遵守安全注意事项；提出安全建议，互相交流，向他人传递有用的信息；视安全为集体荣誉，为团队贡献安全知识，与其他人分享经验；关注他人身心健康；一旦发生事故，在保护自己的同时，要主动帮助身边的人摆脱困境。

（3）学校研学旅行安全监控机制

学校要建立以研学指导教师团队为责任主体的研学旅行风险监控机制。通过严密细致的风险监测和科学有效的风险管控与处置，切实降低研学旅行风险程度和安全事故损失。

学校要建立安全事故的信息报告和发布制度，及时准确地报告和发布相关信息。及时将事故情况、处置措施和处置进展向各有关方面特别是学生家长进行通报，根据安全应急预案的相应等级按规定向有关方面和上级主管部门报告。

（4）学校研学旅行安全保障机制

1）法律保障

法律法规和政策条例是研学旅行最重要的保障。学校要确保研学旅行工作的各个环节符合相关法律法规和政策条例的相关规定，特别是研学旅行招标工作必须符合《中华人民共和国招标投标法》和《评标委员会和评标方法暂行规定》的有关规定。与承办方签署的研学旅行课程委托协议必须符合《中华人民共和国合同法》的相关规定。

2）程序保障

学校要针对研学旅行工作的重要模块和环节制订科学、规范、严谨的工作流程和对承办方工作的协调与监督流程，研学旅行执教团队要严格按照工作流程实施教学管理工作，重要的安全职责要有履职信息记录，确保责任到人，工作有痕。比如学校领队要和承办方项目组长一起对安全员的履职情况进行监督，对重要的检查项目应确认签字，确保每一个安全环节都按照操作规程进行。

学校要制订科学规范、流程清晰、可操作的安全应急预案，一旦发生安全事故，要按照应急预案所规定的程序进行应急处置。

3）风险保障

学校在招标公告中应该把安全承诺书作为投标单位参与投标的必要文件，在招标结束后要与承办方签订研学旅行课程实施安全责任书，明确承办方必须承担的安全责任。学校一般还要与家长签订安全责任书，明确界定双方的安全责任。

学校必须向保险公司投保校方责任险，依照法律规定实施风险转移。

14. 承办方如何建立研学旅行工作管理机制？

和学校相似，承办方也应建立三级研学旅行管理体系。

（1）承办方研学旅行工作领导小组

对承办方研学旅行工作负领导责任，承办方法人为第一责任人。具体责任如下：

第一，组织制定、审核承办方研学旅行管理制度，组织构建承办方研学旅行行政组织架构和运营机制，具体包括承办方研学旅行工作规程、研学旅行课程实施方案、研学旅行课程投标方案、研学旅行安全保障方案、综合应急预案和专项应急预案；协调各部门支持研学旅行业务部的工作，做好服务保障。

第二，指导承办方研学旅行工作小组和研学旅行业务部规范实施研学旅行课程，履行课程管理和安全管理职责。

第三，落实研学旅行课程实施过程的安全报告制度，每日听取研学领队的安全报告，并及时指导研学导师团队的工作。

第四，发生安全事故时执行安全预案，调度指挥应急处置。

第五，对违规行为进行处置，对造成重大损失的行为进行追责。

（2）承办方研学旅行工作小组

承办方研学旅行工作小组通常以研学旅行业务部门负责人、相关保障部门负责人为主组成，一般由承办方研学旅行业务分管领导任组长。具体责任如下：

第一，负责制定承办方研学旅行各项管理制度，组织实施课程投标工作、组织线路勘察和研学旅行课程设计，制订课程实施方案、制订研学旅行安全保障方案、制订综合应急预案和专项应急预案。

第二，具体组织实施研学旅行课程，为学校提供必要的安全培训课程，制订针对每一次研学旅行课程实际情况的安全保障方案和专项安全预案，严格落实风险管理责任，全面履行安全管理职责。

第三，对研学旅行课程实施过程进行全程监控，与课程项目组保持密切联系，及时指导处置各类偶发和突发问题。

第四，发生安全事故时执行安全应急预案，根据预警等级响应条件，协助领导小组组长调度指挥应急处置。

第五，组织实施与安全相关的行前课程，对项目组全体成员进行必要的安全培训。

（3）课程项目组

课程项目组是研学旅行课程执行小组。承办方课程项目组和学校的指导教师团队一起组成研学课程团队，具体负责课程实施。项目组长由中层干部担任。课程项目组的责任为：

第一，具体执行课程投标任务，执行本单位的研学旅行安全管理制度，切实保障课程实施安全顺利。

第二，进行线路勘察，针对学习资源属性和课程实施条件制订安全注意事项和安全防范措施，编制安全应急预案，设计科学规范的研学旅行课程。

第三，执行风险管理职责，对研学旅行课程实施的全程进行风险监控，及时识别风险隐患，监控风险条件变化，随时根据风险变化调整风险控制规划，做好与学校领队的沟通协调。

第四，对供应方工作进行协调、调度和安全监督，确保课程实施的顺利和有效，确保教学计划的顺利完成。对地接方工作进行全面监督。

第五，发生安全事故时根据事故情况启动应急预案，按照预案规定的处置规程及时进行现场处置，按照规定进行报告，并确保与学校领队的有效沟通与协调。

第六，收集事故发生原因及处置的证据材料并进行证据固定，以便事故善后处理时使用。

15. 承办方如何建立研学旅行安全管理机制？

与学校相似，承办方研学旅行安全管理机制也应包括安全岗位责任制度、安全培训机制、安全监控机制和安全保障机制。

（1）研学旅行安全管理岗位责任制度

承办方应建立研学旅行安全三级岗位责任体系：研学旅行工作领导小组、研学旅行工作小组、研学课程项目组。应根据第14问所确定的各级岗位责任制订相应具体明确的安全工作岗位职责。

（2）研学旅行安全管理培训

承办方安全培训是研学旅行安全管理的重要内容，培训应面向所有研学旅行工作的相关人员，既包括研学旅行课程项目组成员，也包括相关科室的保障人员以及研学旅行管理人员。和学校对教师的培训相似，也应该包括以下内容：

1）研学旅行安全管理通识培训

承办方研学旅行管理人员和课程项目组成员应掌握研学旅行风险管理的专业知识，要通过培训，使全体研学旅行从业人员都能具备风险管理能力，在安全事故发生时，各方能够协调配合，进行科学高效的应急处理，使损失降低到最低。

课程项目组成员要接受安全管理基本措施培训，具备安全注意事项、安全防范措施和安全应急预案等安全管理措施的制订、评价和执行能力。

2）研学旅行课程实施过程中的组织管理能力培训

通过学生管理知识培训，使课程项目组成员掌握研学旅行过程中不同学习环境下的活动组织与管理技能，具备与学校带队教师、供应方、学生、家长、当地民众进行沟通的能力，掌握集体活动中的协调能力，具备突发事件的现场处置能力、特殊学生的心理疏导能力、常见疾病与创伤的紧急处置能力等。

（3）承办方研学旅行安全监控机制

承办方要建立以课程项目组为责任主体的研学旅行风险监控机制。通过严密细致的风险监测和科学有效的风险管控与处置，切实降低研学旅行风险程度和安全事故损失。

要建立安全事故的信息报告制度，及时准确地报告相关信息。及时将事故情况、处置措施和处置进展向各有关方面进行通报，根据安全应急预案的相应等级按规定向有关方面和上级主管部门报告。

（4）承办方研学旅行安全保障机制

1）法律保障

与学校一样，承办方也要确保研学旅行工作的各个环节符合相关法律法规和政策条例的相关规定，特别是研学旅行投标工作必须符合《中华人民共和国招标投标法》的有关规定。与学校签署的研学旅行课程委托协议必须符合《中华人民共和国合同法》的相关规定，切不可为了获得承办权而满足校方不符合法律规定的要求。

2）程序保障

承办方要针对研学旅行工作的重要模块和环节制订科学、规范、严谨的工作流程，项目组成员要根据各自的岗位职责严格按照工作流程实施教学管理工作，重要的安全职责要有履职信息记录，确保责任到人，工作有痕。比如安全员必须要对自己的工作履职情况进行记录，承办方项目组长要对安全员的履职情况进行监督，对重要的检查项目应签字确认。对于训练营地的设施设备，项目组长要和安全员一起检查供应方的维护保障和安全措施。确保每一个安全环节都要按照操作规程进行。

承办方要制订科学规范、流程清晰、可操作的安全应急预案，一旦发生安全事故，要按照应急预案所规定的程序进行应急处置。

3）风险保障

承办方在课程中标后要按照规定与学校签订研学旅行课程实施安全责任书，明确双方的安全责任。

承办方必须向保险公司投保旅行社责任险，并按照招标公告要求和委托协议规定为每位参加研学旅行的师生投保旅游人身意外伤害保险，依照法律规定实施风险转移，确保各方的合法权益。

16. 研学旅行的招标方式有哪些类型？学校应如何选择合适的招标方式？

《中华人民共和国招标投标法》规定，招标方式分为公开招标和邀请招标；在招标领域还有一种补充方式，即议标。

（1）公开招标

研学旅行公开招标也叫竞争性招标，是由招标人在相关媒体上刊登招标公告，吸引众多非特定的旅行社或研学旅行专业机构参加投标竞争，招标人从中择优选择中标单位的招标方式。

（2）邀请招标

研学旅行邀请招标也称为有限竞争招标，是一种由招标人选择若干旅行社或研学旅行专业机构，向其发出投标邀请，由被邀请的单位投标竞争，从中选定中标者的招标方式。

邀请招标的特点是：

第一，邀请投标不使用公告形式；

第二，接受邀请的单位才是合格投标人；

第三，投标人的数量有限。

邀请投标的法律要素是：招标人是以投标邀请书的方式邀请投标；邀请投标对象是特定的法人和其他组织。

（3）议标

研学旅行议标也称为非竞争性招标或指定性招标。这种方式是招标方邀请一家，最多不超过两家旅行社或研学旅行专业机构来直接协商谈判，实际上是一种合同谈判的形式。

学校可以根据开展研学旅行的实际情况和研学旅行不同招标方式的特点选择合适的招标方式。招标方式的选择首先应该确保招标具有公信力，同时考虑招标效率，节省招标成本。

对于过去没有开展研学旅行的学校，在开设研学旅行课程的几年内，应该采用公开招标的方式。因为此期间学校对研学旅行从业机构不了解，采用公开招标的方式，可以保证公开、公正、公平，吸引大量专业机构参与竞标，从而确保选出课程实施能力强的承办方，保证研学旅行课程的实施效果。

开设研学旅行课程后，每次课程结束后都要对承办方的课程和工作情况进行评价，对评价结果进行分类，建立黑名单制和白名单制。进入黑名单的承办方，在一定时间内取消其竞标资格，对进入白名单的承办方，在下一期竞标时给予优先权。在经过数期的课程实践后，可以对长期表现优秀的承办方，采用邀请招标的方式竞标，这样可以节约招标成本，提高招标效率，且招标行为具有公信力。

已长期开展研学旅行工作，在实践中对承办方深入考察的基础上，可以选择表现卓越的承办机构，建立研学旅行课程战略合作关系，采用议标的方式，联合开发和实施研学旅行课程。采用议标的方式，承办方可以深度介入学校的课程建设，提升课程开发和实施水平，实现学校研学旅行工作的特色化发展。

17. 研学旅行招标组织方式有几类?

研学旅行招标工作的组织方式通常有两种,一种由主办方自行组织,另一种由委托招标代理机构组织。学校具有编制招标文件和组织评标能力的,可以自行办理招标事宜。不具备这种能力的,可以委托招标代理机构办理招标事宜。招标代理机构是依法设立从事招标代理业务并提供服务的社会中介组织。

18. 学校如何撰写招标公告?

研学旅行招标属于服务项目招标,研学旅行招标公告应符合一般服务项目招标公告的基本范式,但在招标内容上要结合研学旅行课程的性质和标准提供严谨、准确、简明的文件陈述。

一般来说,研学旅行招标公告应包括以下内容:

(1)项目简介与投标邀请

公告应首先对学校基本情况和研学旅行课程的基本信息、招标背景进行介绍,对符合招标资格要求的旅行社或研学旅行专业机构发出招标邀请。

(2)课程方案要求

1)课程线路清单及线路核心景点指定信息。

2)课程设计与实施的规范性要求。

3)课程设计与实施的特色性要求。

4)研学旅行课程教学团队组成要求,包括对承办方研学导师及其他成员资格的要求、承办方应该承担的学校带队教师的费用。

5)特别约定:关于研学旅行课程方案(研学旅行手册)知识产权归属的约定。

(3)课程实施的保障与服务标准

一般应包括交通、住宿、用餐、导游、保险等保障与服务项目的具体标准和要求。通常还要做出全程不额外安排任何购物活动及自费项目的特别约定。

（4）课程实施的时间安排

（5）投标单位的资质和条件要求

对于投标单位资质的要求要注意区别两类单位的具体情况。国家标准委2015年发布了《旅行社等级划分与评定》，旅行社具有了等级划分标准。招标公告可以对旅行社提出明确的等级要求，同时对旅行社的业绩和信用记录做出条件设置。但是研学旅行服务公司、研学实践教育基地、教育公司等研学旅行专业机构尚没有相关的分级标准，所以对这类机构的资质应侧重于对公司业务水平、业务规模和以往业绩做出相关要求。

（6）需要提交的资格预审资料目录、提交时间和预审结果公告时间及公示和查询办法

资格预审主要审查的项目一般包括：

1）具有独立签订合同的权利。

2）具有履行合同的能力，包括专业能力、资金状况、管理能力、经验、信誉和相应从业人员结构。

3）负面信息记录，包括没有被责令停业，投标资格被取消，财产被接管、冻结及破产等情况；在最近三年内无骗取中标、严重违约及安全事故记录。

4）法律和行政法规规定的其他资格条件。如营业执照、法人代表证明或法人委托书、资质等级证书、安全生产许可证、体系认证书等。

（7）通过资质预审的单位提交标书的截止时间、标书提交方式、文件封装要求

（8）投标标书的内容清单。一般应包括以下项目：

1）旅行社营业执照、经营许可证、旅行社责任险保单等材料复印件（所有复印件需加盖公章）。投标现场须出示证明材料原件以备核查。

2）委托代理人授权书原件以及代理人身份证复印件。投标现场须出示原件。

3）一定时间内的研学旅行相关证明材料（开展学生研学旅行业绩证明材料）。

4）研学手册样本。

5）完备的学生研学安全预案。

（9）开标说明。包括开标的时间、地点，投标人参加开标的代表人要求，投标人代表应现场提交的资料说明

（10）评标时间和评标流程及纪律要求（可以另行发布）

（11）招标工作联系人及联系方式

（12）本招标方案的解释权声明

采用邀请招标方式应编制招标邀请书，其内容也应包括以上内容，只是资格预审环节可以省略，因为招标方对于拟发出邀请的投标人一般应该了解其单位信息与经营业绩。

19. 学校如何发布招标信息？承办方如何获取招标信息？

（1）学校招标信息的发布

1）招标公告的发布

采用公开招标的方式招标，应发布招标公告。招标公告的发布平台可以利用多种媒体。首先，应在自己学校的网站上发布招标公告，并明确预审结果公告及其他随后公开发布的信息将以学校官网为唯一发布平台。其次，招标公告可以在上级教育主管部门网站、报纸电视、线上研学服务平台、各类新媒体上发布。如果采用委托招标的方式公开招标，由委托代理机构根据需要选择合适的媒体平台发布招标公告。

2）招标邀请书的发布

采用邀请招标的方式进行招标时，招标邀请书直接投送给受邀单位，不公开发布。

3）招标公告或招标邀请书的发布时间

研学旅行招标公告或招标邀请书通常应在课程实施两个月之前，或在评标工作一个月之前发布。在设定的投标书提交时间之前，要给承办方留出足够的课程方案研制时间；在招标结果公布后、研学旅行行程开始之前，要给承办方留出足够的时间与供应方进行调度协调，同时也给学校留出实施行前课程的时间，做好行前的各种准备工作。

（2）承办方获取研学旅行招标信息的渠道

1）各市（州、地区），区（县、市）教育局（教体局、教育委员会）网站的公告信息。学校的公开招标方案经上级教育主管部门批准或备案后，学校一般会在主管部门网站上发布招标公告。

2）学校官网发布的招标公告。

3）委托代理机构发布的研学旅行招标公告。

4）招标的主办方采用邀请招标的方式投送的招标邀请书。

5）由研学旅行专业平台发布的招标信息。

6）通过关键词检索由搜索网站搜集到的招标信息。

7）由其他渠道获得的研学旅行招标信息。

20.承办方的投标书一般包含哪些内容？

投标书应包括：

（1）资质证明文件。

（2）信用证明文件。

（3）保险证明文件。

（4）安全责任承诺书。

（5）研学旅行手册样本。

（6）安全注意事项及应急预案。

（7）从业业绩证明材料等。

其中应急预案可以单独呈现，也可以在研学旅行手册的附件中呈现。

根据招标公告的相关规定，承办方应同时准备评标陈述方案及其文案和展示课件。

21. 研学旅行开标会的一般工作流程是什么？

（1）投标文件签收

开标当日在开标现场由招标人安排专人签收投标文件，并填写投标文件报送签收一览表。在招标公告规定的截标时间后递交的投标文件不得接收。在截标时间前递交投标文件的投标人少于三家的，招标无效，开标会即告结束，招标人应当依法重新组织招标。

（2）投标人代表签到

投标人授权出席开标会的代表本人填写开标会签到表，招标人安排专人负责核对签到人的身份证件，证件应与签到人的信息一致。

（3）主持人宣布开标会开始

主持人宣布开标人、唱标人、记录人和监督人员名单，以及到会的招标人代表、招标代理机构代表、各投标人代表、公证机构公证人员。

主持人一般为招标人代表或招标代理机构的代表。开标人一般为招标人或招标代理机构的工作人员；唱标人可以是投标人的代表，也可以是招标人或招标代理机构的工作人员；记录人由招标人指派，负责记录唱标内容；监督人员可以由现场抽取的投标人代表担任。记录人按开标会记录的要求开始记录。

（4）主持人或招标方领导宣布开标会程序

（5）主持人或招标方领导宣布开标会纪律和当场废标的条件

（6）投标人授权代表的信息确认

核对投标人授权代表的身份证件、授权委托书，确认授权代表的有效性，并留存授权委托书和身份证件的复印件。主持人还应当核查各投标人出席开标会代表的人数，无关人员应当退场。

（7）主持人作招标情况说明

主持人介绍招标文件组成部分，发标时间，答疑时间，补充文件或答疑文件组成、发放和签收情况；强调主要条款和招标文件中的实质性要求；宣布投标文件截止和实际送达时间，在截标时间后送达的投标文件应当场作废。

（8）检查各投标书密封情况

招标人和投标人的代表共同（或公证机关）检查各投标书的密封情况。密封不符合招标文件要求的投标文件应当场作废，不得进入评标。

（9）主持人宣布开标和唱标次序

一般按投标书送达时间顺序或逆顺序开标、唱标。开标由指定的开标人在监督人员及与会代表的监督下当众拆封，检查投标文件组成情况，并将需要唱标的文件交唱标人进行唱标。唱标内容一般包括研学旅行课程投标报价、研学课程线路规划、安全责任承诺书、投标保证金、研学导师团队主要人员等。在递交投标文件截止时间前收到的投标人对投标文件的补充、修改要同时宣布，在递交投标文件截止时间前收到投标人撤回投标书面通知的投标文件不再唱标，但须在开标会上说明。

（10）开标会记录签字确认

投标人授权代表在开标会记录上签字确认，投标人如对开标有异议，应当场提出，招标人应当场予以答复，并做好记录。

（11）公布标底

招标人设有标底的，标底必须公布。唱标人公布标底。

（12）送封闭评标区封存

投标文件、开标会记录等送封闭评标区封存。

（13）主持人宣布开标会结束

22. 研学旅行开标会废标的条件有哪些？

投标文件有下列情形之一的，应当场宣布为废标。

（1）逾期送达或未送达指定地点。

（2）未按招标文件要求密封。

（3）投标人法定代表人或授权委托人未参加开标会议，或者未能提供身份证明。

（4）未按招标文件规定加盖单位公章和法定代表人（或授权人）的签字（或印鉴）。

（5）未按招标公告要求准备投标文件，公告要求的主要材料缺失。

（6）超出招标文件规定，违反国家有关规定。

（7）投标人提供虚假资料。

23. 研学旅行开标会议应该记录的内容有哪些？

开标会议应当如实记录开标过程中的重要事项，包括开标时间、开标地点、出席开标会的各单位及人员、唱标记录、开标会程序、开标过程中出现的需要评标委员会评审的情况。有公证机构出席公证的还应记录公证结果。

24. 评标委员会应该由哪些人员组成？

在招标公告发布后，学校应适时组建评标委员会。评标委员会的人员应该由研学旅行课程专家或专业人士、学校教师代表组成。

评标委员会可以设主任1名，副主任1~2名。成员人数应为5人以上单数。评标委员会主任一般应由研学旅行课程专家担任。评标委员会主任、副主任与评标委员会的其他成员有同等的表决权。

评标委员会成员名单一般应于开标前确定。评标委员会成员名单在中标结果确定前应当保密。

25. 根据《评标委员会和评标方法暂行规定》，评审专家应具备什么条件？哪些人不得担任评标委员会成员？

根据《评标委员会和评标方法暂行规定》，评标委员会专家成员应当从依法组建的专家库内的相关专家名单中确定，专家成员应从事相关专业领域，工作满八年并具有高级职称或者同等专业水平。但是研学旅行工作2016年11月刚刚被纳入课程体系，尚处于起始阶段，研学旅行工作的专业人员极其缺乏，很难满足专业年限和高级职称这两方面的要求，相关专业的专家库也尚未组建，可以以综合实践活动课程的专家库代替，为保证实际工作需要，对专家任职条件可以做适当调整。已经建立了研学旅行专家库的地区，应该从专家库中依法遴选评标专家。

根据《评标委员会和评标方法暂行规定》及其修正案等规定，结合研学旅行工作的实际情况，评审专家应符合下列条件：

（1）从事研学旅行学术研究或教学实践工作，具有中级或以上职称，或具有同等专业技术水平；

（2）熟悉有关招标投标的法律法规，并具有与研学旅行相关的实践经验；

（3）能够认真、公正、诚实、廉洁地履行职责。

根据《评标委员会和评标方法暂行规定》及其修正案等规定，以下人员不得担任评标委员会成员：

（1）学校领导和学校研学旅行课程的主管部门负责人；

（2）投标人或投标人主要负责人的近亲属；

（3）与投标人有经济利益关系，可能影响对投标公正评审的人员；

（4）曾因在招标、评标以及其他与招投标有关的活动中从事违法行为而受过行政或刑事处罚的人员。

26. 研学旅行评标的一般工作流程是什么?

（1）在指定地点、指定时间召开评标会议。

（2）评委进入评标室内入座后，工作人员在监督人的监督下封闭评标室并收取评委的通信工具。

（3）主持人宣布评标委员会主任和成员名单，介绍监督人员、工作人员就位。

（4）主持人宣读评审纪律。

（5）向评标委员会成员分发评标所需的相关文件。

（6）评标委员会主任主持会议，研究招标公告，对招标方提供的评审方案和评标细则进行讨论修订，完善供评标使用的相应表格。

（7）投标人做投标陈述，评标委员会成员对投标文件中存在的不明确的内容进行问辩和确认。

（8）评标委员会成员按照评标细则，分别进行打分，计算综合得分。工作人员进行核对汇总，并计算出排名顺序，确定中标的投标人及中标线路课程名单。

（9）编写评标报告，对中标投标书中的课程方案或研学旅行手册提出课程修改建议。评标委员会成员签字确认。

（10）监督人员签字确认。

（11）主持人宣布评标结束，返还评委通信工具。

（12）退还未中标的投标人交纳的招标保证金，中标投标人交纳的招标保证金转为履约保证金。

27. 研学旅行工作通常会涉及哪些方面的合同或协议?

研学旅行工作通常会涉及学校与家长之间签订的安全责任协议,学校与中标研学旅行机构即承办方之间签订的研学旅行合同,承办方和地接旅行社之间签订的合作协议,承办方与交通、景区、餐饮住宿酒店、场馆营地等供应方之间签订的合作协议,学校和保险公司之间签订的保险合同,承办方与保险公司之间签订的保险合同等。

(1)学校和学生家长签订《研学旅行学生安全责任书》,明确学生在研学旅行中的安全责任、出现意外情况时的责任认定以及责任争端处理办法的相关约定。

(2)学校和承办方签订《研学旅行课程委托协议》,将学校和承办方的权利和义务通过合同进行约定,以保障各方的合法权益,特别是维护学生的合法权益。

(3)承办方和学生签订《×××路线研学旅行课程实施合同》,明确研学旅行的费用、研学活动主题以及路线规划、双方应该承担的安全责任等义务,以保护双方的合法权益。

(4)承办方和地接旅行社签订《×××机构和×××旅行社关于××

研学旅行课程的合作协议》，确定地接旅行社应该承担的课程实施责任内容和安全责任内容，约定双方的权利和义务。

（5）承办方与其他供应方之间签订的合作协议。规定供应方必须提供的服务标准和相关设施设备的安全标准，约定双方的权利和义务。

（6）学校、承办方分别与保险公司签订的保险合同。根据所投保的险种和投保额度，签订保险合同。

（7）学校、承办方和学生及学生家长之间签订的三方协议。研学旅行的主要三方可以分别签署协议，也可以一起签署三方协议，在三方协议中确定课程委托关系，约定各方的责任和义务。

28. 研学旅行课程委托协议应包括哪些内容？

无论是学校、承办方和学生及学生家长签订的三方协议还是分别签署的双方协议，协议一般都要包括以下内容：

首先是签署协议的各方身份信息，然后是协议导语。协议导语通常简要阐述各方为了什么目的，根据什么规定，本着什么原则，就什么事项协商一致，达成如下协议。后面就是协议条款，也就是协议正文内容。

（1）合同概况

包括对研学旅行课程实施的起止时间及开始与结束的标志、线路信息、学生人数及带队教师人数（学校和承办方的双方协议中列明）、承办方课程项目组的人员构成及人数等基本信息。

（2）合同金额

列明合同金额（含费用说明和计算方式），金额应同时用大小写两种方式表达。一般还要注明结算价格的增减约定。

（3）付款方式

注明双方协议规定的付款方式。应本着符合财务制度规范、安全、方便的原则选择付款方式。

（4）合同文件构成

列明哪些文件与本合同一起构成合同文件。通常所列文件应包括：

1）招、投标文件

2）研学旅行安全预案

3）研学旅行实施方案

4）研学旅行课程手册中的行程表

5）报价清单及服务内容

6）行程中的变更协议

鉴于以上文件的成文时间不同，条件的变化可能会导致前后文件中的内容有不一致的情况，所以本条应特别注明，合同文件内容如有冲突，以最后时间签订的内容为准。

（5）各方的权利和义务

要具体列明各方的权利和义务，权利义务的主张要清晰明确，表达陈述不能有歧义。

（6）安全责任约定

列明承办方在行程规划、活动组织、交通工具、保险缴交等方面必须承担的安全责任。

（7）免责条款

免责条款通常包括两类信息，即不可抗力和学生或教师过错造成的损失。

对于由不可抗力造成的损失，需要列明不可抗力的范围，规定承办方应当承担的补救措施，承办方未采取应当采取的补救措施时必须承担的赔偿责任。

（8）违约责任及争议处理约定

对由于各方违反合同约定给对方造成的损失，约定赔偿责任和赔偿标准。

列明争议问题的处理方法。

（9）其他未尽事宜说明

29. 研学旅行工作涉及的保险合同有哪些?

(1) 校方责任险

校方责任险是一种责任保险,由学校作为投保人,因校方过失导致学生伤亡的事故及财产损失,由保险公司来赔偿,学校是受益方。

保险对象:取得合法资格的教育机构,包括幼儿园、中小学校及高等院校等。

保险责任:学生在学校活动中或由学校统一组织安排的活动(学校活动包括体育课、实验课、课间操、课外活动、春游等)过程中,因学校非主观过失导致注册学生的人身伤害和财产损失,依法应由学校承担的直接经济赔偿责任。

保险费:每人每年人民币5元。

保险金额:每人每年人身伤害赔偿金额人民币30万元;每所学校每次事故赔偿限额人民币150万元;每所学校每年累计赔偿限额450万元。

保险费由学校或教育专项资金支付,不允许向学生收取费用。

(2) 旅行社责任保险

旅行社责任保险,就是承保旅行社在组织旅游活动过程中因疏忽、过失造成事故所应承担的法律赔偿责任的险种,该险种的投保人为旅行社。投保后,一旦发生责任事故,将由保险公司在第一时间对无辜的受害旅客进行赔偿。旅行社责任险具有很强的社会公益性。

保险对象:旅行社责任险投保人(同被保险人)必须是在中华人民共和国境内依法登记注册、并持有旅行社业务经营许可证的公司。符合此资质要求的公司,全国范围内有2万多家,它们可以投保旅行社责任险并享受基本保障。

特别需要说明的是,俱乐部、自助游组织、会务公司等不具备旅行社业务经营许可证的各种组织或公司尚不可投保旅行社责任险,因此在组织出游的过程中存在很大的风险隐患。此类团体在组织旅游活动时，在被保险人（旅游者）同意投保人为其投保的情况下，可以投保旅游意外险。投保旅游意外险后就能将保险责任范围内的意外事故造成的风险进行转移，减少或弥补旅游组织者的损失。

保险责任：因被保险人的疏忽或过失造成被保险人接待的境内外旅游者遭受下列经济损失，依法应由被保险人承担的经济赔偿责任，保险人负责赔偿：

1）因人身伤亡发生的经济损失、费用

2）因人身伤亡发生的其他相关费用

① 医疗费

② 必要时近亲属探望的交通、食宿费，随行儿童或长者的送返费用，旅行社人员和医护人员前往处理的交通、食宿费及补办旅游证件的费用和因行程延迟所导致的费用

③ 行李物品的丢失、损坏或被盗导致的损失

④ 事先经保险人书面同意的诉讼费用

发生保险责任事故时，被保险人为减少赔偿责任，为抢救受伤的旅游者及施救旅游者的财产所支付的必要的、合理的费用，保险人也负责赔偿。该项费用每人赔偿总金额不得超过保险单明细表中列明的每人赔偿限额。

（3）人身意外保险

人身意外险，即人身意外伤害保险，是指在约定的保险期内，因发生意外事故而导致被保险人死亡或残疾，或暂时丧失劳动能力，保险公司按照双方的约定，向被保险人或受益人支付一定量的保险金的一种保险。保障项目分死亡给付、残疾给付、医疗给付和停工给付。

（4）旅游意外险

旅游意外险是指被保险人在保险期限内，在出差或旅游的途中因意外事故导致死亡或伤残，或保障范围内其他的保障项目，保险人应承担的保

险责任。

旅游意外险定义的基础内容是人身意外。而人身意外险与旅游意外险的区别在于，人身意外险通常保障更单一，而且保障时间长的可达1年，短的也有几天。旅游意外险大多时效性较强，一般与出行时间对应。

（5）境外旅行意外保险

境外旅行意外险，属于短期的单次旅行保险，可选保险期间从1天至182天不等，客户需要在每次境外旅行启程前投保本保险。

境外旅行意外险的保障范围涵盖：意外身故和残疾（保险金额10万元至50万元）、境外医疗费用（保险金额10万元至50万元）、医疗转运及运返（保险金额40万元至100万元）、亲友慰问探访、身故遗体送返、航班延误、随身行李物品损失、托运行李丢失或延误（获赔金额最高1万元）、旅行证件遗失、旅程取消或缩短、个人责任（50万元）等11项保障。

另外，境外旅行意外险还提供"24小时紧急救援服务"，游客在任何地方遭遇险情，均可通过电话获得无偿救助。

针对境外研学旅行期间在境外面临的意外、医疗等风险联合推出的24小时全天候、综合性的紧急救援服务及意外、医疗、救援服务费用保险保障，主要有五种类型：第一，旅游意外伤害险；第二，旅游人身意外伤害险；第三，住宿游客旅游意外险；第四，旅游意外救助保险；第五，旅游紧急救援保险。

第三编

研学旅行课程
设计规范

30. 研学旅行的概念内涵是什么？

（1）教育部等11部门发布《关于推进中小学生研学旅行的意见》中的定义

研学旅行是由教育部门和学校有计划地组织安排，通过集体旅行、集中食宿方式开展的研究性学习和旅行体验相结合的校外教育活动，是学校教育和校外教育衔接的创新形式，是教育教学的重要内容，是综合实践育人的有效途径。

（2）原国家旅游局发布《研学旅行服务规范》中的定义

研学旅行是以中小学生为主体对象，以集体旅行生活为载体，以提升学生素质为教学目的，依托旅游吸引物等社会资源，进行体验式教育和研究性学习的一种教育旅游活动。

两个定义分别从各自的领域强调了研学旅行的教育本质和旅游特征。二者结合起来，就是研学旅行的概念内涵。

研学旅行是校外综合实践教育，也是一种教育旅游活动。作为校外综合实践教育的研学旅行是一门课程，应该符合综合实践教育的课程规范；作为教育旅游活动的研学旅行是一种旅游产业，应该符合旅游产业的运营服务规范。

31. **游学、修学旅行、综合实践活动、研究性学习与研学旅行有什么区别?**

（1）概念

1）*游学*

现代意义上的游学，在广义上是指文化旅游，即在旅游中设计旅游主题，在休闲放松游玩的同时注重开阔眼界、增长见识；狭义的游学，是指学校、教师为达到某种教育教学目标，经过精心准备，组织学生以旅游的形式进行的教育教学活动。

2）*修学旅行*

修学旅行是指在校学生在学习期间，为了配合课堂及书本所学并弥补其不足，开展以丰富知识、增长见闻、扩大视野、培养素质、增进交流以及学科实践等为目的的旅行活动。

修学旅行最早起源于英国，距今已有一百多年。日本自明治维新开始鼓励修学旅行，规定从小学到大学都必须完成在本国或国外的修学旅行。

3）*综合实践活动*

综合实践活动是从学生的真实生活和发展需要出发，从生活情境中发现问题，转化为活动主题，通过探究、服务、制作、体验等方式，培养学生综合素质的跨学科实践性课程。综合实践活动是国家义务教育和普通高中课程方案规定的必修课程，与学科课程并列设置，是基础教育课程体系的重要组成部分。该课程由地方统筹管理和指导，具体内容以学校开发为主，自小学一年级至高中三年级全面实施。

4）*研究性学习*

研究性学习是学生在教师指导下，从自然、社会和生活中选择和确定专题进行研究，并在研究过程中主动地获取知识、应用知识、解决问题的学习活动。依据研究内容的不同，研究性学习的实施主要可以区分为两大

类：课题研究类和项目（活动）设计类。课题研究以认识和解决某一问题
为主要目的，具体包括调查研究、实验研究、文献研究等类型。项目（活
动）设计以解决一个比较复杂的操作问题为主要目的，一般包括社会性活
动的设计和科技类项目的设计两种类型。前者如一次环境保护活动的策
划，后者如某一设备、设施的制作、建设或改造设计等。研究性学习的组
织形式主要有三种类型：小组合作研究、个人独立研究、个人研究与全班
集体讨论相结合。

5）研学旅行

研学旅行是由学校根据区域特色、学生年龄特点和各学科教学内容需
要，组织学生通过集体旅行、集中食宿的方式走出校园，使学生在与平常
不同的生活中拓展视野、丰富知识，加深与自然和文化的亲近感，增加对
集体生活方式和社会公共道德的体验。

研学旅行是学校教育和校外教育衔接的创新形式，是综合实践育人的
有效途径，旨在提升学生的自理能力、创新精神和实践能力。

（2）概念辨析

教育部2017年发布的《中小学综合实践活动课程指导纲要》明确综
合实践活动的主要方式包括考察探究、社会服务、设计制作和职业体验。
其中，考察探究是"学生基于自身兴趣，在教师的指导下，从自然、社会
和学生自身生活中选择和确定研究主题，开展研究性学习，在观察、记录
和思考中，主动获取知识，分析并解决问题的过程，如野外考察、社会调
查、研学旅行等"。

由文件表述可知，研究性学习既是考察探究活动的重要组成部分，也
是考察探究活动的一种活动方式；而研学旅行既是综合实践活动课程的重
要内容，也是一种以旅行为载体的特殊的研究性学习活动。因此这三个概
念之间存在包含关系或者上下位关系。

另一方面，由于研学旅行课程载体的特殊性，其与传统意义上的研究

性学习在教学内容和教学方式上显然又存在着显著的差异。

研究性学习活动实施过程一般在学校正常的教学过程中完成，学生的课题或项目的研究过程主要是在课外自主进行，教师的指导行为通常也是在课外时间进行，课题或项目研究所需要的基本知识和研究方法，可以通过安排课时集中授课的方式进行。

研学旅行课程则是以旅行为载体，是依托旅游吸引物等社会资源，在校外通过集体生活、集体旅行活动进行的学习行为。学生在研学旅行期间必须暂时中断学校内日常的学习生活，其学习内容也比研究性学习活动要丰富和广泛得多。

鉴于研究性学习和研学旅行的显著区别，也可以将研究性学习和研学旅行作为综合实践活动课程两个分立的组成部分。比如《山东省普通高中2017级学生课程安排指导表》中关于综合实践活动课程的规定：

综合实践活动	考察探究活动	包含研究性学习、研学旅行、野外考察等，至少完成2个课题（或项目）
	社会服务活动	以公益活动、志愿服务为主，3年不少于25个工作日
	职业体验活动	其中，军训1学分；职业行业体验3学分，合并到学生发展指导课程中一并实施
	党团教育活动	1学分

在这里就是把研究性学习和研学旅行作为考察探究活动的两个组成部分的。

与游学和修学旅行相比，研学旅行作为综合实践活动课程的一部分，更强调其课程属性，在课程目标、课程内容、课程实施和课程评价等课程要素方面的要求更加具体明确。

32. 课程设计的一般要素是什么？研学旅行课程设计有什么特殊要素？

课程要素包括课程目标、课程内容、课程实施和课程评价。

（1）课程目标

课程目标是指课程本身要实现的具体目标和意图。它规定了某一教育阶段的学生通过课程学习以后，在发展品德、智力、体质等方面期望实现的程度，它是确定课程内容、教学目标和教学方法的基础。课程目标是指导整个课程编制过程最为关键的要素。

（2）课程内容

课程内容是指各门学科中特定的事实、观点、原理和问题及其处理方式，它是学习的对象，它源于社会文化，并随着社会文化的发展而不断发展变化。

研学旅行的课程内容是学生旅行参观、考察和体验的景点、场馆和营地的资源及其承载的文化、技术、原理、方法和传递的思想与价值观。

（3）课程实施

课程实施是将编制好的课程计划付诸实践的过程，是实现和达成预期的课程目的、实现预期教育结果的手段。

研学旅行课程实施是学生集体按照预定的规划行程，通过旅行过程中对各种资源的参观、考察、体验，落实课程目标，完成学习任务，实现预期学习结果的过程和手段。

（4）课程评价

课程评价是指检查课程的目标、编订和实施是否实现了教育目的，实现的程度如何，以判定课程设计的效果，并据此做出改进课程的决策。研学旅行课程评价就评价要素而言应该涵盖课程设计的全部要素，即课程目标的制订、课程内容的组织、课程实施的过程和课程评价的体系。从课程评价的对象而言，应该包括对学生的评价，对课程的评价，对各责任方（包括主办方、承办方、供应方、保障方等）的评价以及对研学导师的评价。其中各责任方的评价一般为直接签订合作协议建立合作关系的双方的相互评价，以甲方对乙方的评价为主，也就是一般来说甲方为评价方，乙方为被评价方。课程评价的方式是多样的，它既可以是定量评价也可以是质性评价。

研学旅行除了一般的课程要素之外，还包括一些研学旅行课程的特殊要素，比如安全防范措施、安全注意事项、应急预案等安全保障和安全教育内容，行前物品准备单，各类通信方式等。

33. 研学旅行课程实施一般会涉及哪几个方面的机构？它们分别承担什么职责？

（1）主办方

研学旅行活动的主办方是指有明确研学旅行主题和教育目的的研学旅行活动组织方。

《关于推进中小学生研学旅行的意见》（以下简称《意见》）规定，定期组织研学旅行活动是学校应当履行的教学责任。根据《意见》要求和研学旅行工作实际，学校作为研学旅行主办方，应履行以下职责：

1）中小学要制定中小学生研学旅行工作规程，规范研学旅行的组织与管理工作。

2）学校要负责制订研学旅行活动工作方案，明确工作计划，制订招标方案，对课程实施进行公开招标。

3）学校应对中标的承办方提供的研学手册提出课程修订意见，并对修订情况进行审核。

4）学校应对承办方与供应方和保障方之间签订的相关协议中关于服务标准的内容予以审核备案，确保供应方提供的服务满足学校的相关要求。

5）学校应对研学旅行带队教师进行研学旅行课程及相关管理知识的培训，确保他们具有研学旅行课程实施的专业能力以及代表学校监督承办方实施课程和履行协议的能力。

6）学校要通过家长委员会，以致家长的一封信或召开家长会等形式告知家长政策背景、活动意义、时间安排、出行线路、收费情况、注意事项等信息，对家长进行充分的动员和培训。

7）学校要对学生进行充分的动员，开设研学旅行课程专题讲座，使学生做好充分的思想准备和知识与能力储备。

8）学校要做好行前安全教育工作，负责确认承办方为出行师生购买意外险，必须投保校方责任险，与家长签订安全责任书，与委托开展研学旅行的承办方签订安全责任书，明确各方安全责任。

9）学校要有效实施行后课程，对研学旅行课程、学生的学习成果、研学旅行承办方的工作和学校带队教师的工作做出评价和认定。

10）学校应维护学生和学校教师的权益，在研学旅行过程中如有损害师生合法权益的行为发生，学校应为师生维护和主张权益提供帮助。

11）学校应负责将研学旅行活动方案按照相关要求报上级主管部门审核或备案。

12）学校要监督承办方履行全面合作协议，对承办方在工作中的合理要求提供协助，对承办方与学生及学生家长进行沟通提供帮助。

（2）承办方

指与研学旅行活动主办方签订合同，提供教育旅游服务的旅行社或研学旅行专业机构。

根据《意见》和《研学旅行服务规范》（以下简称《规范》），承办方应履行以下职责：

1）承办方应根据主办方的招标要求参与公开竞标。竞标时应如实提供单位相关资质证明、研学旅行课程设计方案或研学手册、安全责任承诺书以及从业业绩证明。

2）选择确定合格的供应方，并签署相关合作协议，对供应方的资格审核承担全部法律责任。

3）负责选择安排符合与供应方所签协议要求的、安全合格的交通工具，并按照规定配备司机。

4）要对课程线路进行实地勘察，根据线路勘察情况设计或修订课程方案或研学旅行手册。

5）按照课程设计方案和《意见》与《规范》的相关要求制订安全防范措施和安全应急预案。

6）组建课程实施导师团队，对团队成员进行课程培训和安全责任培训。

7）为主办方提供必要的行前课程或课程资源。

8）在课程实施过程中全面负责学生的管理工作。

9）按照与主办方签订的协议及课程规划实施课程，接受主办方带队教师对课程实施工作的监督。

10）为学生和学校带队教师提供票务服务。

11）课程实施期间负责收集和制作研学旅行活动过程的影像资料，用于活动总结和推介宣传，并将相关影像资料提供给主办方。

12）根据应急预案有效处置突发事件，有效降低事故损失，确保师生的合法权益。

（3）供应方

指与研学旅行活动承办方签订合同，提供旅游地接、交通、住宿、餐饮等服务的机构。

根据《规范》和《意见》要求，结合行业工作标准，供应方应履行以下职责：

1）向承办方提供承接研学旅行供应服务所应具备的相关资质证明。

2）与承办方签署研学旅行服务合同，按照合同约定履行义务。

3）根据合同规定接受承办方的调度、检查和监督。

（4）保障方

与研学旅行活动承办方签订合同或按照法定义务，提供风险保障的机构。如保险公司，活动所在地的医院、派出所、交警部门。

保险公司按照保险合同规定履行风险保障责任。研学旅行活动所在地的医院、派出所、交警部门根据法定义务履行相关职责。

34. 研学旅行课程实施一般会涉及哪几个方面的人员角色？他们分别承担什么职责？

（1）学校主管领导

全面负责学校研学旅行课程的组织和管理工作，主要承担以下职责：

1）负责组织制订学校研学旅行工作规程，制订研学旅行教学计划。

2）制订研学旅行课程招标方案并组织实施招标工作。

3）指导学校责任部门组建学校研学教师团队并开展相关培训。

4）课程实施过程中密切联系各线路带队教师，跟进指导与调度，随时处理各种问题，负责突发事件相关应急预案的启动与处置指挥。

（2）承办方主管领导

全面负责承办线路课程的管理工作，主要承担以下职责：

1）负责组织制订承办方研学旅行工作规程。

2）组织参加学校研学旅行课程的投标工作。

3）制订研学旅行课程方案，组织研制研学旅行手册。

4）组建中标线路课程研学导师团队并开展相关培训。

5）组织实施研学旅行线路勘察。

6）课程实施过程中密切联系各线路研学导师，跟进指导与调度，随时处理各种问题，负责突发事件相关应急预案的启动与处置指挥。

（3）学校研学导师

学校研学导师团队由领队和带队教师组成。学校领队负责督导研学旅行活动按计划开展，主要职责如下：

1）指导带队教师履行职责，协助带队教师处理学生管理和教学事务。

2）与承办方的项目组长一起召开研学导师每日例会，调度安排教学事务，处理偶发事件。

3）与学校领导保持联系，汇报每日工作。

4）对突发性事件采取措施，适时启动应急预案。

5）监督承办方的课程实施工作，保障学生和教师的合同权益。

学校研学导师即学校带队教师，有如下职责：

1）全程带领学生参与研学旅行各项活动，配合承办方的研学导师开展课程实施工作。

2）协助承办方研学导师对学生进行日常管理。

3）负责指导学生完成课后作业，并进行批改。

4）协助承办方研学导师做好相关服务工作，及时处理偶发事件。

5）监督承办方履行合同义务，特别是监督各项保障工作的落实。

6）评估承办方的课程实施能力，为课程评价提供依据。

（4）承办方研学导师

承办方研学导师团队由项目组长和研学导师组成。

项目组长全程随团活动，全面负责本线路课程的组织实施，负责统筹协调研学旅行各项工作。具体职责如下：

1）对供应方的工作进行调度，确保各项保障工作的有序落实。

2）与承办方分管领导保持密切联系，及时汇报工作情况。

3）召开每日例会，总结调度每日工作。

4）指导研学导师开展课程实施工作，保证旅行的秩序和安全，确保课程实施效果。

5）保持与主办方研学管理团队的有效沟通，做好各项服务工作。

6）对突发性事件及时组织处理，适时启动应急预案。

承办方研学导师负责落实研学旅行教学计划，在主办方带队老师、地接导游员等工作人员的配合下提供研学旅行教育服务。具体职责如下：

1）全程带领学生参与研学旅行各项活动，具体负责课程实施工作，落实每日教学计划。

2）全面负责对学生进行日常管理。

3）与供应方工作人员一起做好各项保障工作，对供应方的工作进行监督和评估。

4）做好对主办方带队教师和学生的相关服务工作，及时处理偶发事件。

5）熟悉线路课程，对地接导游和讲解员的课程讲解进行适当补充，确保课程内容的落实。

6）熟悉应急预案，如遇突发性事件，及时采取应对措施并向项目组长汇报；启动应急预案时，严格按照工作流程履行职责。

（5）供应方的研学导师

1）供应方的地接导游

在实施跨省研学旅行课程时需要由地接导游具体负责课程实施工作。地接导游负责提供导游服务，并配合相关工作人员提供研学旅行教育服务和生活保障服务。此时地接导游应当承担承办方研学导师与教学活动有关的相关职责；同时，还需要做好与当地相关部门和供应单位的协调工作。

2）场馆和景点讲解员

按照所在场馆和景点规定的工作职责履行讲解义务，并根据研学旅行手册中的课程要求，在讲解过程中对教学内容予以落实。

3）营地教练员

在各类户外教育营地进行拓展训练，团队活动，以及各类户外教育运动项目的训练、体验与学习时，营地教练员承担课程教学工作。他们要根据承办方委托的课程项目要求实施课程。在课程实施过程中负责对安全标准和技术标准的落实与把关，确保在落实教学任务的同时保证师生的安全。

（6）安全员和随团医生

根据《规范》要求，研学旅行应配备安全员。安全员在研学旅行过程中随团开展安全教育和防控工作。在发生突发事件时确保师生人身和财产安全。

如合同要求配备随团医生，则医生要负责旅行团队成员常见疾病的预防及治疗，如遇突发疾病、意外伤害，要进行紧急处理，发生需要启动应急预案的情况时为项目组长提供专业建议，并采取应急性救助措施。在课程实施过程中对学生进行生命健康教育。

35. 研学旅行招投标的主要概念有哪些？

（1）招标

招标是指招标人发出招标公告或投标邀请书，说明招标的工程、货物、服务的范围、标段（标包）划分、数量、投标人的资格要求等，邀请特定或不特定的投标人在规定的时间、地点按照一定的程序进行投标的行为。

研学旅行招标是指学校作为招标方，通过发布招标公告或者向一定数量的特定旅行社或研学旅行专业机构发出招标邀请等方式发出招标采购的信息，由各有意提供课程服务的研学旅行承办方参加投标竞争。经招标方对各投标者的报价及其他条件进行审查比较后，从中择优选定中标者，并与其签订研学旅行课程采购合同。

（2）投标

投标是指投标人应招标人的邀请，根据招标公告或招标邀请书所规定的条件，在规定的期限内向招标人递盘的行为。

研学旅行投标是指研学旅行的承办方根据主办方发布的招标公告，或应主办方的邀请，在规定时间内，依据主办方提出的标准和要求，制订研学旅行课程设计与实施方案，向主办方提交标书参与竞标的行为。

（3）开标

开标是指在投标人提交投标文件后，招标人依据招标文件规定的时间和地点，开启投标人提交的投标文件，公开宣布投标人的名称、投标价格及其他主要内容的行为。

（4）评标

评标是指评标委员会和招标人依据招标文件规定的评标标准和方法对投标文件进行审查、评审和比较的行为。评标是否真正做到公开、公平、公正，决定着整个招标投标活动是否公平和公正；评标的质量高低决定着能否从众多投标竞争者中选出最能满足招标项目各项要求的中标者。

36. 研学旅行课程设计应遵循哪些原则?

依据《关于推进中小学生研学旅行的意见》所提出的关于研学旅行工作的四项基本要求和四项基本原则,结合课程与教学的基本原理,研学旅行课程设计应遵循以下原则:

(1)教育性原则

研学旅行是综合实践活动的组成部分,本质上是教育活动,所以研学旅行课程设计必须首先体现课程的教育性。教育性原则的落实主要体现在课程目标的确定和课程内容的选择与呈现上。课程目标必须依据国家课程标准关于综合实践活动标准中与研学旅行相关的规定,并结合研学旅行具体资源的性质科学确定。课程内容的选择要有明确的教育主题,内容的呈现要能够引领学生进行深度的思考和体验,研究问题或作业的设置应该能够引领学生对学习、参观、游览、体验的旅行资源进行更加系统和深入的分析和认识,对学生选定的研究课题提供课题研究的材料和思维启发,要有助于学生获得研究的成果,或者有助于学生获得预期的情感体验和价值倾向。

(2)安全性原则

课程设计要充分考虑课程的安全性。在景点线路的规划上要充分考虑景点资源的安全性特点；在研学手册中尽可能列出详细的注意事项，科学制订安全防范措施和应急预案；在行前课程中专门开设安全教育单元。课程的设计还要充分考虑学生的学段生理特点。旅行的运动量要设计在合理的范围内，既能够达到锻炼学生毅力的教学目标，也要注意不能超过学生所能够承受的合理限度。

（3）科学性原则

课程的科学性首先应该体现在要符合课程原理的基本规范。研学课程必须要有明确、具体、准确的课程目标，要有完善、合理、适切的课程内容，要有规范、有效、深刻的课程实施方案，要有科学、全面、多元的课程评价。

（4）综合性原则

研学旅行是一门多学科综合的跨学科课程。在课程设计时要充分挖掘旅行资源的学科课程属性，让学生在研学实践中体验、巩固、深入理解学科知识，拓展学科知识的外延。通过体验现实问题的复杂性和综合性，让学生学会综合运用学过的知识分析解决现实问题，把书本上的知识变成现实中的知识，把"死的知识"变成"活的知识"，通过知识的综合运用形成解决问题的能力。

（5）模块化原则

课程设计要有总的研学主题。总的课程由若干模块组成，每一个景点就是一个课程模块，也就是一个课程单元。每一个模块或单元应该突出体现课程主题的一部分或几部分内涵，各个模块或单元组成完整的课程体系，表达完整的教育主题。由景区或研学实践教育基地基于自己的资源打造的课程可以自成一个模块，但要结合周边区域的景区资源打造适合不同的旅行线路主题的模块表达形式，以便能够植入到不同的旅行线路中去。

（6）体验性原则

研学旅行是通过旅行体验达成课程教学目标，通过多感官刺激，在场景化、情境化的教学场景中实施教学的特殊课程。课程的教学方式不是以传授为主，课程目标的达成以通过体验自主生成为主要途径。所以在课程设计时要考虑调动学生多种感官的综合运用，让学生通过对情境化知识的体验形成正向的情感和正确的态度与价值观。

（7）多元化原则

学校应同时安排多种主题或多种类型的研学旅行课程，给学生提供多元化的课程选择。既要考虑研学内容和研学主题的多元化，也要考虑学生不同的生理和经济承受能力。每一课程在模块设计安排时要考虑模块内容的多元化，模块的设置要能够多角度体现教育主题的完整性和丰富性。研学旅行要实现多元化评价，就评价对象而言应包括对学生的评价、对课程的评价、对承办方的评价；就评价内容而言要实行多维度评价，对学生在旅行过程中的表现和研学成果从不同的维度进行综合评价。

（8）适切性原则

由学校自行开发的课程，以及学校委托或通过招标由承办方开发的课程，必须适合主办方学校的学生情况，符合学校的相关教学理念和课程设计要求。由景区或研学实践教育基地基于自有资源设计的课程要考虑不同学生的学段特点，要满足多学段适切，对不同学段的学生以不同的内容呈现方式体现。课程还要满足多时段适切，同一景点的旅行资源的课程表达要能够满足学生不同时长的学习要求，比如既可以满足半天行程的研学旅行，也可以满足一天或更长时间的研学旅行。

37. 学校开发课程的一般流程是什么？

学校自主开发研学旅行课程，通常应该按照以下步骤进行：

（1）首先应根据学校教育理念，并结合学段要求和学校课程计划，确定研学旅行线路和课程主题，再根据所确定的研学主题选定课程线路上的核心目的地城市或景区（基地）。

（2）在课程线路上选择资源内容可以把和核心目的地城市相匹配的其他

城市或景点作为课程的其他单元课程内容。这些作为其他单元课程内容的学习游览资源的属性应该可以和核心目的地城市的资源属性相一致或相补充。

（3）对选定的课程资源，依据资源的属性和课程主题，进行单元化课程整合，并根据时间和空间条件理顺单元课程顺序。

（4）进行线路勘察，收集课程资源信息，分析资源属性。

（5）依据课程总体目标和单元课程学习资源的属性制订科学、规范、适切的单元课程目标。

（6）编写课程资源详述，制订过程性学习任务和课后作业。

（7）确定单元课程评价方案。

（8）确定课程实施条件及注意事项。

（9）明确课程实施的角色分工。

（10）形成课程，制作研学旅行手册。

具体开发工作流程如下图所示：

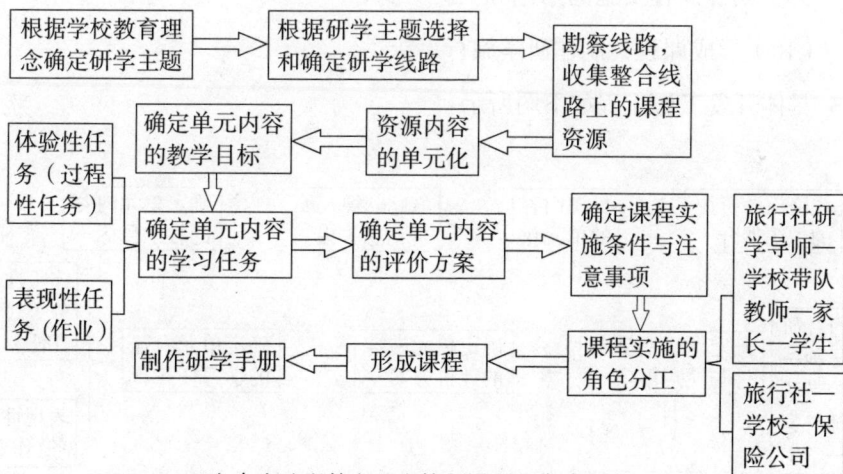

主办方（学校）研学旅行课程开发流程

38. 承办方开发课程的一般流程是什么？

旅行社等承办方进行研学旅行课程开发的步骤如下：

（1）应根据主办方发布的招标公告、确定的研学主题选定课程线路上的核心目的地，依据核心目的地的研学资源属性拟定课程主题。

（2）在课程线路上选择资源内容时可以把和核心目的地城市相匹配的其他城市或景点作为其他单元的课程内容。这些作为其他单元课程内容的学习游览资源的属性应该可以和核心目的地城市的资源属性相一致或相补充。

（3）对选定的课程资源，依据资源的属性和课程主题，进行单元化课程整合，并根据时间和空间条件理顺单元课程顺序。

（4）进行线路勘察，收集课程资源信息，分析资源属性。

（5）依据课程总体目标和单元课程学习资源的属性制订科学、规范、适切的单元课程目标。

（6）编写课程资源详述，制订过程性学习任务和课后作业。

（7）确定单元课程评价方案。

（8）确定课程实施条件及注意事项。

（9）明确课程实施的角色分工。

（10）形成课程，制作研学旅行手册。

具体开发工作流程如下图所示：

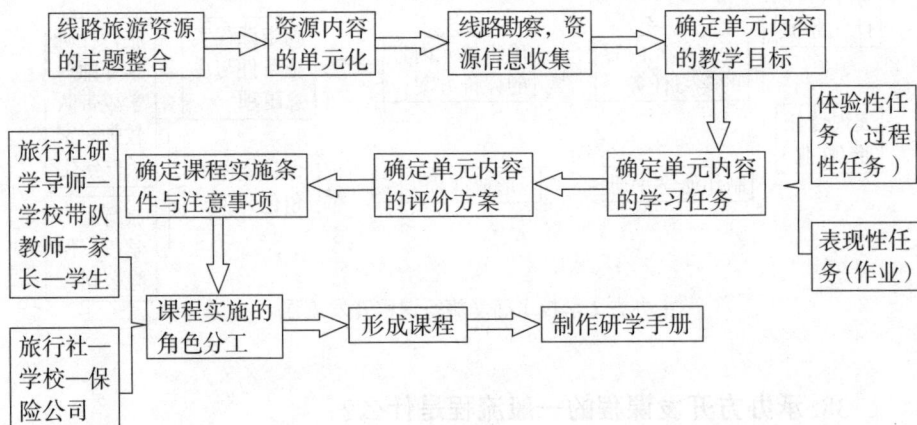

承办方研学旅行课程开发流程

39. 供应方开发课程的一般流程是什么?

景区、研学实践教育基地等供应方进行研学旅行课程开发的步骤如下:

(1)分析本机构资源的多重属性,根据不同的属性,明确本资源可以匹配的课程主题类型,将本资源与一定地域或线路上的其他相关资源进行主题整合。

(2)把本机构的资源作为一个学习单元,依据资源的属性制订科学、规范、适切的单元课程目标。

(3)编写课程资源详述,制订过程性学习任务和课后作业。

(4)确定单元课程评价方案。

(5)确定课程实施条件及注意事项。

(6)把本单元的课程植入相关主题的课程序列中。

(7)形成课程,制作研学旅行手册。

具体开发工作流程如下图所示:

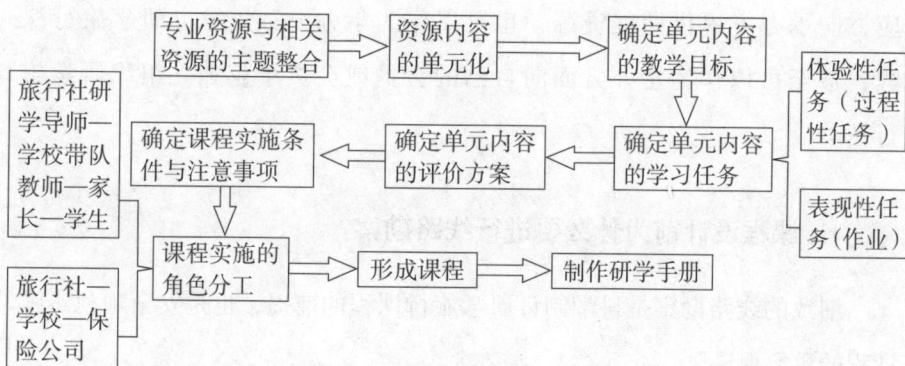

供应方研学旅行课程开发流程

40.供应方开发课程时应该注意哪些问题?

研学旅行区别于其他教育活动的最重要的特征是旅行,所以说研学旅行是行走的课堂。因此,一个独立的景区或研学实践教育基地,一般不可能成为研学旅行课程内容的全部,通常作为其中的一个学习单元。所以,景区或研学旅行基地纳入研学旅行课程的最合适的方式是与承办方合作,把自己的资源以学习单元的方式植入到他们所开发的课程中去。这种情况下可以自己按照以上步骤自行开发课程,把开发的课程与主办方或承办方的课程对接,直接植入到其课程中。也可以把自己的课程资源提供给对方,由对方对资源进行整合,开发出适用的研学旅行课程。

有些专业机构具有系统性行业资源,具有户外教育活动资质,自身具有成体系的独特的研学旅行学习教育资源,如学生定向运动协会、房车露营协会、户外教育协会等等。这些机构自身有系统性的行业资源,可以依据自身所拥有的资源打造独具特色的研学旅行课程,其课程开发模式与承办方开发课程的模式相同。这些机构可以作为供应方向承办方提供课程资源,也可以作为承办方独立承办研学旅行课程,甚至可以作为主办方面向自己的会员或会员单位独立组织研学旅行活动。

41.课程设计前为什么要进行线路勘察?

细致的线路勘察是科学制订研学旅行课程的前提,也是安全顺利实施课程的重要保证。

走哪条路,选择哪种交通工具,路上可能会遇到什么问题等,是研学旅行过程中最关心的问题,也是最容易发生安全隐患的部分。这就要求在线路规划时必须做到实地勘察,将安全可靠、环境良好、成本合理、距离合适的地点筛选出来，确保整个行程连贯紧凑，便于教师跟组进行指导、监控、组织与管理。

42. 线路勘察应主要完成哪些任务？

（1）准确界定景区或研学实践教育基地的资源属性

这是科学制订课程具体目标的主要依据，也是确定课程实施方式的主要参考标准。在进行资源勘察时要尽可能发掘资源的多重属性，尽可能为学生从多角度认识和理解学习资源提供条件。

（2）确保课程资源的安全性

要对景区或研学实践教育基地以及交通线路、交通工具的安全性作认真细致的考察，对发现的问题向供应方提出整改要求，对无法避免的安全性问题要在课程设计与实施时采取规避措施，对有重大安全隐患的供应方要坚决予以更换并及时与主办方沟通交流。在安全性勘察的基础上，制订安全注意事项和有效的安全防范措施。

（3）确定课程实施的时间长度

了解每个单元的课程学习需要的时间长度，将总的课程时间在各课程单元之间合理分配，做好时间衔接设计。

（4）确定课程实施的物质条件

了解课程资源的气候特征、地理特征，确定课程实施必备的物质条件，还要了解课程资源的特殊要求，特别是必须携带的证件以及禁止携带或禁止使用的物品。

（5）做好各学习单元之间的交通保障

实地勘测各学习单元之间的交通路况，结合各学习单元课程地点之间的距离及时间安排，合理选择出行方式，确保交通安全。

（6）确定课程实施的最佳路线

对多种可能的线路进行实地勘测，分析比较，根据安全第一、效率第

二、舒适第三的原则，规划出最适合的课程线路，并同时拟定备用线路。

（7）确定课程实施的方式

了解课程资源的特点，确定最佳的课程实施组织方式。或全程集中学习，或集中与分散相结合；或以参观为主，或以动手体验为主；或以小组合作为实施方式，或以独立探究为实施方式，要在实地勘测的基础上做出恰当的选择。

（8）对拟入住酒店的勘察

对酒店房间设施以及安全疏散设施进行细致勘察，对酒店设施的安全性和舒适性进行全面了解。

（9）做好旅行饮食规划

对各课程资源所在地的饮食文化进行考察，对学生行程中的饮食做出科学合理的安排。既要保证饮食的安全性和营养搭配，也要尽可能让学生体验当地的特色美食，了解当地的饮食文化。

（10）与地接导游及景点讲解员进行课程实施方面的交流

地接导游和景点（基地）讲解员的专业能力是课程实施有效性能否达成的重要因素。在进行实地勘察时，应与地接导游和景点（基地）讲解员进行充分沟通，将有关的课程要求与其充分交流，使之对课程资源的教育性有充分的认知。后期课程设计完成之后，要让地接导游和景点（基地）讲解员对课程目标、过程性学习任务以及课后作业进行充分的学习了解，以便在课程实施过程中进行有效教学。

（11）进行各种资源的图文信息的收集，为课程设计和研学手册的制作准备材料

43.交通工具和交通路线的选择应坚持什么原则？

要充分考虑活动场所、气候环境等方面的安全性，坚持按照"安全、方便、快捷"的原则选择交通工具和交通路线。

　　用于研学旅行的交通工具必须具有研学旅行资质，需要经过交通部门、公安部门、旅游部门审核批准。凡具有研学旅行资质的交通工具，每一次的运行都要到教育部门、交通部门和公安部门进行登记备案和审查，以保证其安全可靠，确保整个活动的顺利进行。

　　交通路线的选择要结合当地学习内容、交通情况和安全系数，反复论证后选出最佳路线。出行前，要及时了解出发地和目的地以及沿途地区的天气变化、道路通行状况。制订合理的出行计划和路线，避免在暴雨、大雾、冰雹等恶劣天气状况下出行。在路上遇有恶劣天气时，要尽快选择就近安全地点进行躲避；在山区公路行驶时应注意警示标志，尽量避开经常发生塌方、滑坡、泥石流的路段，以规避交通风险。

44. 研学旅行课程目标具有什么特点？

研学旅行课程是一门行走中的课程，是没有教室、没有课本的课程。这些不同于普通学科的特点，决定了研学旅行课程目标不同于学科课程的课程目标。

（1）研学旅行课程目标的综合性

研学旅行属跨学科综合课程，因而其课程目标必然是综合性的。

学生参加研学旅行首先要学习新知识，并通过对所学知识的综合应用形成能力。在旅行的过程中体验与感悟，在问题解决中拓展思维与方法，在体验、感悟、探究中培养对生命、同伴、自然、家乡、社会、国家的情感，形成正确的人生观、价值观和世界观。所以，在研学旅行课程的设计中，课程目标的设定应该完全可以涵盖知识与能力、过程与方法、情感态度与价值观三维目标的各个方面，而且要以情感态度和价值观目标为着力点。

参照中国学生发展核心素养体系，研学旅行课程目标的综合性还体现在，经过合理规划和整合的研学旅行课程资源能够体现核心素养指标体系中的所有18个基本要点。在课程设计时，每一个单元或模块要依据核心素养指标体系，结合课程内容的资源属性，科学设置课程目标。

作为综合实践课程的一部分，研学旅行课程的综合性还表现在：通过研学旅行达成的探究方法、思维方式、表达技巧、交往能力、科研素养是学生学习所有学科都需要的基本能力，也是未来生活、工作应具备的基本素养。

（2）研学旅行课程目标的过程性

作为一种体验式教育的旅游活动，研学旅行课程几乎所有的教学目标都需要通过旅行过程才能达成。旅行过程是实现课程目标的途径和载体，包括两个层面的行为：一是外显的过程，包括参观、游览、动手制作、观察、记录、合作交流等活动。在这些活动过程中学生会获得教学资源体现的学习知识，可以实现观察分析、资料收集、动手体验、表达交流、行为规范等外显的课程目标。二是内化的过程，包括探究资料的归纳与分析，游览参观过程中的思考与感悟，由教学资源激发出的情感、态度和价值倾向。这些内化的活动过程是研学旅行课程目标的更深层的实现，是思维能力和情感、态度、价值观课程目标实现的根本途径，也是研学旅行课程最高的价值诉求。

研学旅行课程目标的过程性还体现在过程本身即课程目标。通过研学旅行课程的实施，学生要从中学到旅行的方法和技巧，掌握旅行的规范，培养良好的行为素养，形成热爱旅行的生活态度。

（3）研学旅行课程目标的实践性

生活教育理论是研学旅行的理论基础。无论是杜威的"从做中学"，还是陶行知的"教学做合一"，用今天的话来说，他们在本质上都是提倡要学以致用、理论联系实际，要在实践中学习、要向实践学习。研学旅行课程本身就是综合实践活动课程的组成部分，作为实践课程的研学旅行，其教学目标必须体现实践和探究的特征。知识目标要从旅行参观实践中获取，能力目标必须通过旅行实践中的探究与分析达成，情感、态度、价值观目标也必须在实践探究和亲身体验中形成。

（4）研学旅行课程目标的发散性

研学旅行课程目标包括两个层面，一是课程的总体目标，一是课程的具体目标。

研学旅行课程的总体目标由课程定位决定，总体目标决定了通过实施研学旅行课程，学生应该形成哪些方面的核心素养，应该具备哪些基本能力，应该形成什么样的价值倾向。这些是宏观的教学目标，无论哪一条线路的研学旅行，都必须围绕实现这些总体目标设计课程。

研学旅行课程的具体目标则具有显著的发散性，这种发散性体现在两个方面：

一是不同线路课程的具体目标不同。研学旅行课程的具体目标是依据课程的资源属性设计的，不同线路课程的资源属性不同，课程的具体目标也不同。

二是课程在实施过程中学生的学习结果各不相同。根据教育心理学，教学目标是学生预期的学习结果。即使在同一线路同一团队的课程实施过程中，由于研学旅行学习资源的情境化和多元化，每个学生观察分析问题的角度不同，原有的能力基础和生活价值认同基础不同，每个学生的学习结果也一定是不同的。所以在设定课程的具体教学目标时必须考虑这一特征，不宜设置僵化的课程具体目标。

45. 应如何陈述研学旅行的课程目标？

三维目标陈述是新课程改革以来在基础教育领域推行的教学目标陈述方法，在学科教学领域已经得到普遍应用。三维目标陈述的方法对综合实践活动课程也同样适用。三维目标的内容包括知识与技能目标、过程与方法目标、情感态度与价值观目标。

（1）知识与技能目标

主要包括人类生存所必须具备的核心知识和学科基本知识；基本能力包括获取、收集、处理、运用信息的能力，创新精神和实践能力，以及终身学习的愿望和能力。例如：

1）了解泰山的封禅文化及其在儒家文化中的特殊地位。（泰山学习单元）

目标说明：本目标陈述侧重于知识的学习。

2）观察酒泉卫星发射中心所处地区的地理和气候特征，分析当初发射基地在此选址的原因。（酒泉卫星发射中心学习单元）

目标说明：本目标陈述侧重于基本能力中的观察、信息收集及分析运用能力。

（2）过程与方法目标

"过程"是指应答性学习环境和交往、体验。"方法"包括基本的学习方式（如自主学习、小组合作学习、发现式学习、探究式学习等）。例如：

1）通过参加凤凰古城篝火晚会，体验苗族的民族风情。（凤凰古城学习单元）

目标说明：本目标陈述侧重于通过交往体验的方法进行学习。

2）通过以小组为单位的入户采访，了解当地农民的生活现状和制约经济发展的主要因素。（农村调查学习单元）

目标说明：本目标陈述侧重于具体的学习方式。

（3）情感、态度与价值观目标

"情感、态度"包括学习兴趣、学习责任、乐观的生活态度、求实的科学态度和宽容的人生态度。"价值观"既强调个人的价值，更强调个人价值和社会价值的统一；既强调科学的价值，更强调科学的价值和人文价值的统一；既强调人类价值，更强调人类价值和自然价值的统一，从而使学生内心确立起对真善美的价值追求以及人与自然和谐和可持续发展的理念。例如：

1）品读杜甫经典诗篇，品味杜甫诗歌的艺术价值，体悟诗人心系黎民百姓，情系家国的高尚情怀。（杜甫草堂学习单元）

目标说明：本目标陈述侧重于对诗歌的欣赏和诗人所表达的情感态度的体验。

2）通过参观卫星发射基地，深刻理解"两弹一星"精神，确立崇尚科学，献身国防，为国家和民族承担使命的责任意识、担当意识和理想信念。（酒泉卫星发射中心学习单元）

目标说明：本目标陈述侧重于科学价值和爱国主义价值观教育。

3）感受天安门升国旗现场的庄严与肃穆，体验升旗仪式所激发的民族自豪感，提升爱国情怀和责任担当意识，确立"四个自信"信念。（天安门升旗仪式学习单元）

目标说明：本目标侧重于爱国主义价值观的确立。

46. 研学旅行课程总体目标和学段总体目标如何制订？

研学旅行课程的总体目标是指所有的研学旅行课程都必须要达成的目标，无论研学旅行的线路有何差异，学习游览的资源属性有何区别，通过课程的实施都必须达成的教育目标。

研学旅行课程总体目标的确定应该依据国家出台的相关文件，主要是教育部等11部门2016年11月联合发布的《关于推进中小学生研学旅行的意见》和教育部2017年9月颁布的《中小学综合实践活动课程指导纲要》（以下简称《纲要》）。从两个文件的相关表述看，研学旅行课程的总目标包括以下几个方面的内涵：

（1）研学旅行课程的根本目标是立德树人、培养人才。

（2）研学旅行课程要培养学生学习、生活、做人、做事的能力，培养研究问题、解决问题的能力。

（3）研学旅行课程要促进学生身心健康、体魄强健、意志坚强，形成健全的人格和坚强的品质。

（4）研学旅行课程要培养学生对祖国的情感和对民族文化、历史及国家建设成就的认同，增强对"四个自信"的理解与认同。

（5）研学旅行课程要培养学生对自我、对他人、对社会和对自然的正确认知与态度，培养责任担当意识。

（6）研学旅行课程要促进学生形成正确的世界观、人生观、价值观，培养他们成为德、智、体、美全面发展的社会主义建设者和接班人。

《纲要》从价值体认、责任担当、问题解决、创意物化等各方面明确了中小学综合实践活动课程的学段目标，其中价值体认、责任担当、问题解决三个方面的目标都与研学旅行课程有关。这些课程目标对不同学段有不同的要求和陈述，即学段总体目标。

（1）小学阶段总体目标

《纲要》与小学学段研学旅行课程目标有关的具体表述为：

1）价值体认：通过研学旅行，获得有积极意义的价值体验。理解并遵守公共空间的基本行为规范，初步形成集体思想、组织观念，培养对中国共产党的朴素感情，为自己是中国人感到自豪。

2）责任担当：通过研学旅行，初步培养自理能力、自立精神、热爱生活的态度，具有积极参与学校和社区生活的意愿。

3）问题解决：通过研学旅行，发现并提出自己感兴趣的问题。能将问题转化为研究小课题，体验课题研究的过程与方法，提出自己的想法，形成对问题的初步解释。

可见，对小学生而言，在价值体认方面，要让学生获得初步的价值体验，理解并遵守基本的行为规范，培养对集体、社会、党和国家的朴素情感。在责任担当方面重在培养学生的自理能力和参与意识。在问题解决方面重点在于培养学生发现问题的能力，并体验解决问题的过程与方法，能够提出自己的想法和解释。简单来说，小学学段研学旅行课程要让学生通过体验、感知，学会基本的规范，发展基本的能力，形成情感、态度与价值倾向。

（2）初中阶段总体目标

《纲要》与初中学段研学旅行课程目标有关的具体表述为：

1）**价值体认**：亲历社会实践，加深有积极意义的价值体验。能主动分享体验和感受，与老师、同伴交流思想认识，形成家乡情怀、国家认同、热爱中国共产党的情感体验。通过职业体验活动，发展兴趣专长，形成积极的劳动观念和态度，具有初步的生涯规划意识和能力。

2）**责任担当**：养成独立的生活习惯，初步形成探究社会问题的意识，初步形成对自我、学校、社会负责任的态度和社会公德意识，初步具备法治观念。

3）**问题解决**：能关注自然、社会、生活中的现象，深入思考并提出有价值的问题，将问题转化为有价值的研究课题，学会运用科学方法开展研究。能主动运用所学知识理解与解决问题，并做出基于证据的解释，形成基本符合规范的研究报告或其他形式的研究成果。

由以上目标陈述可知，初中学段在价值体认方面，要让学生获得初步的价值认同。在责任担当方面重在培养学生的独立意识，形成正确的认知和态度。在问题解决方面重点在于培养学生学会基于问题的课题研究的基本规范。

（3）高中阶段总体目标

《纲要》与高中学段研学旅行课程目标有关的具体表述为：

1）**价值体认**：深化社会规则体验、国家认同、文化自信，初步体悟个人成长与职业世界、社会进步、国家发展和人类命运共同体的关系，增强根据自身兴趣专长进行生涯规划和职业选择的能力，强化对中国共产党的认识和感情，具有中国特色社会主义共同理想和国际视野。

2）责任担当：关心他人、社区和社会发展，能持续地参与社区服务与社会实践活动，关注社区及社会存在的主要问题，热心参与志愿者活动和公益活动，增强社会责任意识和法治观念，形成主动服务他人、服务社会的情怀，理解并践行社会公德，提高社会服务能力。

3）问题解决：能对个人感兴趣的领域开展广泛的实践探索，提出具有一定新意和深度的问题，综合运用知识分析问题，用科学方法开展研究，增强解决实际问题的能力。能及时对研究过程及研究结果进行审视、反思并优化调整，建构基于证据的、具有说服力的解释，形成比较规范的研究报告或其他形式的研究成果。

以上目标陈述表明，对高中学段而言，在价值体认方面，要让学生形成正确的人生观、世界观和价值观，强化国家认同，坚定四个自信。在责任担当方面重在培养学生的社会责任意识和法制观念，提高服务社会的能力。在问题解决方面重点在于培养学生的探索实践能力，学会课题研究的科学规范，具备撰写规范的研究报告和其他成果表达形式的能力。

在进行研学旅行课程设计时，可以依据上述国家文件的具体要求，结合中国学生发展核心素养培养体系的相关指标，科学界定并规范陈述研学旅行课程的总体目标。

47. 研学旅行课程的具体目标如何制订？

研学旅行课程的具体目标是指在具体的研学旅行课程中，依托学习游览资源的属性，通过学习可以达成的具体目标。研学旅行课程的具体目标根据具体学习资源的不同会有所区别。

科学、准确、适切地制订研学旅行课程的具体目标，是研学旅行区别于观光旅行，能够取得课程教育效果的重要基础。准确确定和陈述研学旅行课程的具体目标必须依据学习资源的相关属性。

（1）依据资源的文化属性

有的景点或实践教育基地具有典型的文化属性，是传统文化或地域文化的典型代表。把这样的学习游览资源作为课程内容呈现给学生时，应该达成的学习结果首先应该是对资源所承载的文化知识的认识或再认识，对资源所表现的文化理念的认同或甄别，以及资源所传递的对文化价值的传承或思辨。

这样的学习游览资源比如山东曲阜的"三孔"景区、山东邹城的孟庙孟府景区、陕西黄帝陵景区、四川成都杜甫草堂等。

（2）依据资源的历史属性

一般来说，多数具有文化属性的学习资源也同时具有历史属性，而以历史属性为主要特征的学习资源，通常也都具有文化属性。但是二者之间还是有着明显的区别的，有的以文化属性为主要特征，有的以历史属性为主要特征。比如同样是博物馆，民俗博物馆就是以文化属性为主要特征，而历史博物馆则以历史属性为主要特征。同样是名人主题的景点，武侯祠展现给学习者的是诸葛亮所处的三国时期的历史画卷，以历史属性为主要特征；而杜甫草堂呈现给学习者的则是唐诗和唐代诗人的艺术殿堂，以文化属性为主要特征。

以历史属性为主要特征的学习资源主要有各地的历史博物馆，例如中国历史博物馆、第二历史博物馆等；重要历史人物、历史事件的纪念馆以及考古和文化文明遗址，例如台儿庄大战纪念馆、西柏坡纪念馆、彭德怀纪念馆、林则徐纪念馆、圆明园遗址公园、城子崖遗址等。

具有历史属性的学习资源的课程目标，要依据资源的特点，主要设定以学习和拓展历史知识，学会用历史唯物主义的思维分析历史，从历史事件的情境学习中形成正确的价值观为指向的课程目标。

（3）依据资源的自然属性

祖国的大好河山或秀美，或奇崛，或广袤，或雄壮，无数的风景名胜、无数的鬼斧神工，"江山如此多娇，引无数英雄竞折腰"。这些风景名胜，都是具有自然属性的学习游览资源。

此类学习资源异常丰富，也是观光游的主要游览内容。在研学旅行课程中要特注意区别于观光游，要突显课程目标的显著特征，要注意课程内容的呈现方式。

此类资源课程目标的设置，要重点突出感受与体验、欣赏与保护、考察与探究等过程与方法目标。

（4）依据资源的科技属性

具有科技属性的学习游览资源是研学旅行区别于一般观光旅游的一个重要方面。在观光旅行的线路景点中一般不会涉及这一类景点。

具有科技属性的学习资源类型也很多，例如各地的科技馆、专业研究所、工厂的生产车间、大学及研究机构的实验室、工业遗址公园、农业试验田等。

在对以科技属性为主要特征的学习资源进行课程设计时，其教学目标的设置一般要从知识与原理、科技发展的历史与现状、学生生涯规划的职业知识储备、对科学研究和应用的体验和感受、培养学生的科学兴趣、激发学生的爱国情怀等方面着力。

（5）依据资源的教育属性

所有的学习游览资源都具有教育属性，但有的学习游览资源是以教育性为其主要特征的，例如各类著名高等院校、爱国教育基地等。

这一类学习资源课程目标的设定主要以引导学生进行科学的生涯规划，培养理想信念、家国情怀，形成正确的人生观和价值观为主要目标。

在设置这一类学习资源的课程目标时，要特别注意课程目标的普适性和适切性。在研学旅行的课程设计和线路安排中，往往会安排著名的高等院校作为学生学习的重要研学课程。学校安排这样的高校出发点很清楚，就是要激励学生好好学习，考取更好的高等院校，但是实际效果往往并不理想。比如，到北京做研学旅行往往都会首选参观北大清华，但实际上很多学生并不感兴趣。因为对于绝大多数学生来说，考上北大清华这一类学校对他们来说遥不可及，这样的高校不可能是他们未来的目标，因此这些学校对他们来讲也就没有什么吸引力。所以，在参观这样的高校时，课程目标的设定就必须要考虑学生的实际情况，考虑课程目标的适切性。

虽然北大清华不可能成为绝大多数学生的目标高校，但是北大清华学生所具有的优秀品质却具有典型性，这些品质是使人走向成功的普遍因素，具有普适性。所以对于绝大多数研学旅行的学生而言，学习参观著名高校时，课程目标的制订应该从学习名校学子的优秀品质、名校对学生的培养理念等角度切入，引导学生做好人生规划，而不是简单地给学生提供一个高考目标学校。

48. 一般课程内容有哪些特点？

区别于一般的教育活动，课程内容具有如下特征：

（1）系统性和完整性

课程内容必须是系统的知识体系，构成课程内容的知识之间具有紧密的结构和逻辑关系。学生通过学习课程内容，在掌握知识的同时，形成运用知识分析问题、解决问题的能力。某一学科完整的知识体系可以培养学生该学科领域的核心素养并进而促进学生综合素养的发展。

（2）科学性和规范性

课程内容应具有科学性，主要体现在作为课程内容的材料要科学准确、逻辑清晰、结构严谨。课程内容的规范性包括内容组织呈现的规范性和语言陈述的规范性，每一门学科都有自身的内容结构规范、语言规范和符号规范。

49. 研学旅行课程内容具有什么特征？

研学旅行课程内容是学生旅行参观、考察和体验的景点、场馆和营地的资源及其承载的文化、技术、原理、方法和传递的思想与价值观。研学旅行作为一门课程，其课程内容首先应具有一般课程内容的特点。

（1）系统性和完整性

作为课程的研学旅行，各单元的学习内容之间必须通过课程主题或课程目标相互联系。每一单元的内容表达课程主题的部分特征，各单元合在一起共同表达课程主题的完整特征。

（2）科学性和规范性

研学旅行课程内容的科学性和规范性表现在内容涉及的知识准确严谨，内容呈现方式适合学生的心理和生理特点，学生在心智上能够理解和接受，在生理上能够坚持和承受。研学旅行课程内容的科学性和规范性还表现在课程内容应符合法律规范和道德规范，符合教育的基本理念。另外，其科学性和规范性还表现在课程内容与课程目标的对应性，课后作业或过程性学习任务的科学性和深刻性以及问题表达的规范性。

研学旅行作为一门行走的课程，是一门在真实情境中实施的课程，既不同于在校内实施的学科课程，也不同于一般的观光旅行活动；既不同于一般的学科知识学习，其思维方式也不同于学科学习中的思维活动。研学旅行课程的内容还具有以下不同于一般课程的特征：

1）研学旅行的课程内容不同于一般学科课程内容，突出表现为内容的实践性。

研学旅行课程内容的表现方式为真实的情境和场景。这不同于一般课程的文字表达，也不同于实验室中控制条件下的机械操作。即使现在流行的所谓情境教学，也不过是在课堂上给学生模拟一个仿真的虚假情境，或者用抽象思维的方式给学生创设一个想象中的虚拟情境，让学生在这种情境中思考问题。而研学旅行则不同，学生是在现实的情境中学习，在真实的情境中实践。课程内容的学习过程就是学习经验的实践过程。

2）研学旅行的课程内容不同于一般的旅游观光活动，突出表现为其内容的教育性。

一般的旅游观光活动重在观赏与领略，重在欣赏与体验在自己的生活环境中没有的事物，活动没有明确的教育目的，所以课程内容的选择具有随意性。但研学旅行的课程内容则必须与课程目标相一致，内容为课程的教育目标服务。所以研学旅行课程内容必须具有教育性。

3）研学旅行的课程内容不同于一般的学习活动，突出表现为内容的体验性。

一般学科的学习活动重在向学生传授学科知识，培养学科应有的思维方式，倾向于学科抽象思维的培养。而研学旅行课程的内容则具有突出的体验性特征。学科内容在真实的场景中实施，必须真实地引起学生体验的满足。这种体验的满足感不是文字教学和抽象思维所能够替代的。

4）研学旅行的课程内容不同于一般的思维活动，突出表现为学习结果的发散性。

一般学科课程的思维具有内敛型特点。科学规律的应用，总会遵循一定的步骤，规律应用过程中形成的思维具有标准性，学习达到课程目标的标准是学生习得了一定的方法，形成了一定的学科思维，而研学旅行课程则不同。一个团队的学生完成了完全相同的学习课程，其学习结果却是各不相同的，每一个学生对同一事物的看法会不尽相同，观察和思考问题的角度也会有所差异，所以研学旅行课程的学习结果具有发散性。

50. 依据开发主体的不同，研学旅行课程有哪些开发模式？

依据开发主体的不同，研学旅行课程开发有五种模式，即主办方开发、承办方开发、供应方开发、联合开发和委托开发。

（1）主办方开发

这类开发方式的优点是学校可以完全根据自己的教育理念开发课程，由自己的教师负责课程设计。自己的教师作为课程实施的研学导师，可以有效保证研学旅行课程的教育性。但这种开发模式也具有明显的不足之处。首先，这种方式对学校教师的要求极高。由于研学旅行课程是一门跨学科、跨领域的综合性课程，不是所有的学校都拥有具备这类课程开发能力的教师。其次，学校开发研学旅行课程所需要投入的时间成本、人力成本和经济成本较大，学校需要安排教师搜集信息、勘察线路，对于师资比较薄弱、学科教学任务较重的学校难以承受。最后，学校自行开发、自主实施课程，需要承担的安全风险较大。这类开发方式一般只有那些具有丰富课程开发经验和较高课程实施水平的学校采用。这些学校一般都是一些地区名校甚至是全国名校。

主办方开发课程的一般流程参见本书第37问（第72页）。

（2）承办方开发

承办方是指旅行社或具有承办研学旅行资质和能力的专业机构（如教育机构、体育机构等）。旅行社和这些专业机构进行研学旅行课程开发，既有自己的优势，也有先天的不足。

作为承办方的旅行社或研学旅行专业机构具有丰富的资源，包括目的地资源、交通资源、旅游人力资源、信息资源等。这些资源是一般学校不具备的。所以，旅行社和研学旅行专业机构在设计研学旅行课程时具有明显的资源优势。

但是旅行社等机构也有自己的先天不足。教育是一门专业学术，课程理论更是教育领域中较高层次的理论课程，即便是一般的学科教师也不具备课程设计与开发的能力。旅行社等机构的从业人员很难设计出体现课程的科学性、规范性、教育性和深刻性的课程方案来。所以，旅行社等机构在承接业务后，往往都会另外聘请教育界的人士来设计课程。

承办方开发课程的一般流程参见本书第38问（第73页）。

（3）供应方开发

能够进行研学旅行课程开发的供应方是指其中的景区、研学实践教育基地、具有系统性行业资源的社会组织等。不同类型的供应方进行研学旅行课程开发的步骤和流程略有区别。

供应方开发课程的一般流程，如应该注意的问题参见本书第39问、第40问（第75页）。

（4）联合开发

联合开发是指主办方和承办方相互协作，优势互补，共同开发课程的方式。作为主办方的学校提供教育理念和课程总体目标，承办方提供课程学习资源。由主办方和承办方分别派出自己的专业人员组成课程开发小组。学校教师负责把握课程的教育性的方向，负责课程内容的过程性学习任务和课后作业研发设计，以及课程内容的科学性和规范性审核，承办方负责编制课程资源详述和课程实施条件，编制课程实施活动注意事项、各类安全防范措施和应急预案，双方共同研制课程具体目标和课程评价体系。在此基础上共同编制研学旅行手册。

在联合开发模式中，学校是核心，最终开发的课程需要通过学校审核才可以实施。

（5）委托开发

研学旅行课程的开发不同于其他学科课程的开发，最重要的是课程的跨学科、跨领域的特点。研学旅行课程开发人员既要掌握旅行行业的相关知识，又要掌握教育领域的相关知识；既要掌握综合实践活动课程本身的知识，又要掌握多学科的知识；既要有对知识的文字表达与整合能力，又要有系统深刻的思维构建能力，对各类文化能做出深刻的理解和分析，能够对学生进行科学、深刻、适切的学习指导。所以，一般的学校教师和旅行机构的从业人员很难具备这样的能力。

为了满足行业的需求，近年来一些专业的研学旅行学术机构相继成立，开始开展一些课程设计的业务。无论主办方还是承办方，未来课程的开发都可以采取委托开发的方式，委托这些专业课程设计机构完成。

当前的研学旅行学术研究机构还不是太多，而且良莠不齐。但未来作为研学旅行行业的衍生产业，研学旅行课程设计与研发具有广阔的前景，必定会吸引一些对研学旅行行业感兴趣的教育领域的专业人士加入进来。未来委托开发模式将逐渐成为一种主要的课程开发方式。

51. 什么是研学旅行课程内容的主题化和单元化？

为了全面落实课程目标，使学生能够完整地完成一项课题研究，学会观察、调查、搜集与分析信息等常用的研究方法，一条线路的课程应该有一个课程主题，课程内容的编制应依据课程目标，围绕课程主题选择学习资源。

一般来说，学校在发布研学旅行招标公告时，会指定线路方向上应该包括的核心景点或中心目的地。研学旅行承办机构应在此基础上选择其他一些合适的学习游览资源，合理配置，形成课程。此时，应首先对学校指定的核心景点或中心目的地的资源属性进行分析，对它们共有的属性和相互关联的特征进行分析，从而提炼出课程主题，实现课程内容的主题化。然后根据课程主题并结合时间限制条件，在距离中心目的地的一定范围内选择与课程主题相关的学习资源。这些选定的学习资源应该从不同侧面、不同角度体现课程主题的内涵。可以依据内容特征、地理和时间关系将这些学习资源规划为不同的学习单元，实现课程内容的单元化。

52. 研学旅行单元课程一般应包括哪些组成部分？

单元课程内容一般应包括以下几个组成部分：

（1）单元标题

单元标题最常见的命名方式为"资源特征+景点名称"，如《"大道之行，天下为公"——中山陵》《秦人精神——秦始皇陵兵马俑博物馆》《胡风唐韵——华清池》；有的单元标题以"资源特征+项目名称"命名，例如《吼出来的戏剧——秦腔》；也有的单元标题直接以景点或学习资源所在地地名命名。

（2）课程实施的具体地点

（3）课程时长

指本学习单元计划所用的时间，一般为一天或半天。

（4）本单元课程内容的相关学科

（5）本学习单元的具体课程目标

具体课程目标可以从知识与能力、过程与方法、情感态度与价值观三个维度进行确定。

（6）课程实施方式

课程内容应包括对学习组织形式的选择说明，可以采取集体参观、分组参观、先集中讲解后自由参观、小组合作探究、操作体验、调查研究等多种方式。应根据资源的属性特征做出具体选择。

（7）课程资源详述

这是单元课程内容的重要组成部分，要阐明学习资源的基本概况、价值意义、学习方法等。

（8）过程性学习任务

过程性学习任务是指在学生参观学习的过程中，用于引导学生进行实践探索或激发深度思维的导引性问题或学习任务。

（9）课后作业

每个单元的课程内容中都要设置学习之后的思考问题作为作业。作业一般要于当天晚上完成，第二天一早交给研学导师批阅。作业必须是与游览学习内容相关的探究性思考题，学生可以通过掌握当天的学习内容加以解决，也可以自行搜集相关信息，拓展对当天学习内容的了解。这类作业切忌以某学科课程练习题的形式呈现，也不能是对所学课程内容的简单回顾，应该以引发学生的思考为设置原则，设置的问题必须要有一定的深度，问题答案应具有一定的开放性。

（10）文明行为的即时性指导与评价

文明行为的即时性指导与评价是指对学生一般行为习惯的表现进行评价以及对景区或基地特别要求的执行情况进行评价。应明确具体的行为要求，一般应提供评价指标，评价指标可以以评价量表的形式呈现。

（11）本单元学习游览时的注意事项

单元学习要求的注意事项要具体、明确。应该包括安全注意事项、景区游览的特殊要求和相关规定、纪律要求、集合时间地点等。

53. 学校研学旅行的行前课程包括哪些内容?

（1）研学旅行的组织与动员

1）对学生的动员。对学生进行充分动员，让学生了解与研学旅行课程相关的国家政策，理解研学旅行课程的价值和意义，端正对研学旅行课程的学习态度，做好课程实施的思想准备；让学生了解学校已经开展的相关工作和此后将要进行的工作，在各项行前课程中积极参与、认真学习；让学生了解研学课程的特点和实施方式，做好参加研学旅行的各种相关准备。

2）课程（线路）选课与编组。学校课程招标工作结束后，承办方应根据学校提出的意见和建议及时完成课程设计的优化修改，并提交研学手册文本。学校向学生发布各条线路的相关信息，组织学生选课。选课结束后根据各条线路选课的人数把学生编成几个小组，指定小组组长，负责相关信息的传达和活动的人员组织。

3）通讯与沟通渠道的建立。与承办方一起建立通讯联络与信息沟通渠道，包括建立电话通讯录和QQ群或微信群。重要信息在群里及时发布。

（2）对家长进行课程培训

对家长进行培训的课程内容和对学生进行动员的内容大致相同。要重点对家长讲清楚国家关于研学旅行课程的相关政策，以及开设研学旅行课程的相关背景，让学生家长理解研学旅行课程与一般观光旅游的区别，理解研学旅行课程的价值，及其对于学生健康成长和未来生涯发展的重要意义。

向家长介绍学校根据相关政策所开展的课程实施的相关工作、研学旅行课程的特点和实施方法，以及家长应该如何配合学校和承办方开展研学旅行工作。

学校还应该向家长说明研学旅行中可能出现的问题以及所采取的安全防范措施和各种应急预案，并解释有关安全责任的法律规定。

（3）对研学导师进行培训

1）对学校教师的培训

对学校教师进行培训的内容主要包括：开展科学研究的一般方法和研究规范；研究报告的结构和范式；研学旅行课程目标的制订与陈述；研学旅行课程内容的选择与表达；研学旅行课程实施的组织与方式；学生管理的技巧与规范；研学旅行课程的成果与评价；研学旅行的安全与防范；研学活动的组织与管理等。此外，学校带队教师还要具备相关法律知识。

对学校教师进行研学旅行课程培训，主要目的不在于让他们学会开发课程，而是要让每一位教师都能够在研学导师的岗位上正确履行自己的职责，使课程实施达成应有的教育效果。

2）对承办方研学导师的培训

旅行社（专业研学机构）研学导师必须具备景点讲解和活动指导等方面的能力。研学导师培训课程主要是让导师了解景点背景知识，具有景点的讲解能力，特别是要让其理解研学旅行和观光旅游活动的区别，对研学旅行的教育性有深刻的认知，能对学生的研学活动进行专业指导。同时，让导师能够与时俱进，及时掌握研学旅行的最新动态，以便在今后能带领学生更好地进行系统化、专业化的研学活动。

3）安全责任培训课程

研学旅行"安全第一"。研学导师是带队研学的主要负责人，对其进行安全责任培训必不可少。无论是学校的带队教师还是承办方的研学导师，都必须接受安全培训。安全责任培训课程主要对导师进行安全防范知识和技能培训，让他们详细了解安全防范的注意事项和安全保障措施；让每一位带队教师明确岗位安全责任，防患于未然。

对研学导师的安全责任培训课程不同于对学生的安全培训课程。研学导师除了要掌握自身的安全防护知识之外，更要掌握研学活动组织方面的安全防范知识，要掌握紧急情况下疏散、转移与紧急救助学生的方式；要了解各种应急预案的具体内容，知道应急预案的响应条件，一旦发生应该启动应急预案的情况，应立即启动应急预案，并按照预案中的操作流程紧急行动。

（4）面向学生的行前课程

1）文明旅行行为规范专题讲座

针对不同场所的文明旅行行为规范结合具体的案例组织专题讲座。例如乘坐火车与飞机的文明行为规范和相关法律规定；景区入口排队入场的秩序规范；分组跟随导游参观游览时的注意事项；博物馆、纪念馆等室内场馆中参观的行为规范；就餐时的行为规范；酒店住宿的行为规范；人际交往的行为规范等等。在讲座中尽可能地提供具体生动的正反案例，让学生能够深切体会到文明旅行的重要意义。

2）安全专题讲座

学生平时接触户外运动的机会比较少，缺乏相关的安全知识，即便跟随家人进行了不少的旅行，但由于家长专业知识有限，无法给学生提供全面的安全知识。所以在研学旅行出行之前，给学生系统地开设安全知识讲座非常有必要。

安全讲座的内容应该包括交通安全知识、饮食安全知识、住宿安全知识、户外活动安全知识、自然灾害及突发事件的紧急应对措施、个人财务安全知识等。此外，还应该包括人际交往与沟通方面的安全知识，例如与当地人员的沟通与交流技巧和注意事项、少数民族地区与民族风俗相关的注意事项；师生沟通，同学间交往时也要有和谐相处、相互尊重的意识。

3）课题研究专题讲座

研学旅行与一般的观光旅游以及夏令营活动的重要区别还在于一个"研"字。研学旅行是带着研究任务的旅行教育活动，学生在行前必须掌握关于课题研究的知识。不同学段的学生要求掌握的关于课题研究的能力水平可以有所不同，但是都必须在行前接受相关的培训。

以高中的行前课题研究知识培训为例，专题讲座一般应该包括以下内容：

第一，课题研究的选题。根据学生的能力水平，重点教给学生根据"问题即课题"的原则，详细研究学校提供的关于研学课程内容的相关资料，发现自己感兴趣且值得研究的问题，即可把这一问题作为自己的研究课题。课题名称通常以"关于×××××的研究"的格式命名，课题名称不同于论文和作文，要准确、简练，尽量不要用带有主观色彩的修饰性语句。

第二，课题研究的常用方法。根据高中学生的能力特点，可以重点讲解文献法、调查法、观察法、案例法、行动研究法、经验总结法等常用研究方法。

第三，研究计划的制订。要让学生学会统筹安排研究任务，学会根据研究任务和时间节奏制订研究计划，规划研究步骤。

第四，研究过程的规范。研究过程要能够体现所选择的研究方法的具体应用情况，要学会对文献资料进行分析和提炼，要能够准确规范地进行观察并记录信息和数据。如果是研究小组合作研究，研究过程要能够体现小组成员的分工。要学会根据文献信息和观察记录的数据资料分析问题，得出结论。

第五，研究报告的撰写。对高中学生撰写研究报告的要求不宜过高，让他们学会最基本的撰写方法即可。要让学生知道研究报告的一般结构，要求他们能够在即将参加的研学旅行中按照相关要求开展研究、记录信息、分析信息与数据并得出结论，并在研学旅行结束后一周内写出规范的研究报告。

初中和小学应该适当降低讲座的知识难度，参照研学旅行课程学段目标中关于问题解决目标的相关要求安排讲座的内容。

4）研学旅行课程内容相关专题讲座

为了激发学生对研学旅行课程的学习兴趣，让学生对所要学习的课程内容有初步了解，能够从相关信息中发现问题并进行课题的选题，有必要安排一些与研学旅行课程主题及课程内容有关的专题讲座，帮助学生做好旅行攻略。这样学生能够知道课程实施时应该学习和观察的重点和关键内容，从而提高课程实施的效率，取得更好的课程实施效果。

（5）与承办方和保障方签署协议

学校要与承办方签订合作协议，明确双方的责任和权益。特别是要和承办方签订研学旅行服务承诺书，明确承办方对研学旅行过程中所发生的一切安全伤害事故应依法承担的全部责任。

同时，学校还要向保险公司购买校方责任险，签订保险合同。

（6）与承办方进行沟通并对其应履行职责的情况进行监督

学校要依据招标公告要求和合作协议，监督承办方与学生家长签订研学旅行协议。

学校要及时与承办方和学生家长进行沟通、协调。对于在筹备和课程实施过程中出现的各种问题，做好沟通、协调、处置工作。

学校还要监督承办方购买相关保险。

54. 承办方研学旅行的行前课程包括哪些内容？

承办方在确定承办课程后，需要对研学旅行线路的课程资源进行全面的实地勘察，并在此基础上进行课程设计，制作研学旅行手册。同时，要为学校准备相关的行前课程，包括线路资源介绍、相关内容的专题讲座等。还要与各供应方、保障方进行合作谈判，签署相关协议。为了应对突发性事件，承办方还必须结合线路勘察情况、工作规范和从业经验制订切实可行的安全防范措施和应急预案。

55. 学校行前课程的重要作用是什么？

学校有效地开设行前课程，对于课程的有效实施具有重要意义。

（1）有效开设行前课程，能够端正学生对研学旅行课程的学习态度，使其理解研学旅行课程的价值和意义，做好课程实施的思想准备。

（2）有效开设行前课程，可以让学生对所要学习的课程资源有一个基本的了解，对相关知识和文化的内容和背景有一个总体的印象，做好课程实施的知识储备。

（3）有效开设行前课程，让学生初步学会课题研究的基本规范、科学研究的常用方法，知道研究报告的基本内容和结构规范，为在研学旅行过程中开展研究性学习，培养科学探究的能力做好准备。

（4）有效开设行前课程，让学生掌握各类安全旅行和户外活动知识，了解出行应该做好的准备工作，做好课程实施的行动准备。

56. 研学旅行行中课程的意义是什么？

行中课程是研学旅行课程的主体。几乎所有研学旅行的课程目标都需要在行中课程中得以落实，需要通过研学旅行培养形成的各种能力和素养，都要通过具体的学习资源作为载体，在实景教学环境中，通过观察、体验、感悟、探究、合作达成。行中课程是任务驱动式的课程，通过精心选择课程资源和丰富多样的教学方式，驱动学生的积极性和内动力；行中课程以任务为载体，通过过程性学习任务和过程性评价，引领学生逐步深入地自主研学，全面提高学生的学习能力和综合素养。所以行中课程是研学旅行课程中最主要的环节。

57. 研学旅行课程的教学与学习设计包括哪些内容？

（1）研学旅行课程的教学

1）根据研学旅行课程的教学环境选择合适的教学方式和学习方式

研学旅行课程不同于在学校教室内教学的课程，是一种真实场景中的教学，是实景教学。在这样的教学环境下，知识的习得以观察、体验等直接的习得方式为主，以阅读、讲授等间接方式为辅。教学环境开放、多元，不同的教学环境决定了不同的教学方式和学习方式。

2）研学旅行课程的教学任务需要教师团队合作完成

研学旅行课程的教学与学校课堂教学不同，教学不是由一个老师完成，而是由一个团队合作完成，所以，研学旅行课程执教老师的第一个特点是团队化。研学旅行教师团队由学校带队教师、承办方的研学导师、景区或基地的讲解员以及安全员等人员组成，他们分工协作，共同完成教学任务。其次，教师团队是一个跨界团队，成员来自教育界与文化和旅游界几个专业领域，如何把双方各自的专业优势有机结合起来，是决定跨界合作教学效果的重要因素。来自文化和旅游界的研学导师在教学中要注意突出教学活动的教育性，来自学校的带队教师要在教学工作中发挥自己的教育专长，引导学生深入思考，落实核心素养教育目标。

3）选择适当的研学旅行课程教学方法

第一，研学旅行课程内容的选择要与学生的需要相契合，与学生的能力相当。研学旅行教学内容的表达和呈现方式要适合学生的学习水平、学习兴趣和特长。

第二，研学旅行课程实施过程中要选择最能有效启发学生开展自主探究的教学方法，而不是一味地讲授知识。启发学生思考和反思，引导学生探究和发现，指导学生欣赏和体验，是研学旅行课程的重要价值，教学方法的选择必须与此相适应。研学旅行课程的特点决定了其授课方式不是讲授、阅读等直接传授的方式，教师在研学旅行过程中的教学作用主要体现在对学生的指导上。

第三，研学旅行课程提供给学生文本的和现实的学习条件，学生的学习主要依靠观察、体验，主要表现为自主学习行为。研学旅行手册是课程提供的主要文本条件，学生通过阅读学习手册中的内容，了解即将学习的相关知识和学习任务。学习场景是课程提供的现实条件，学生通过在现实场景中的体验、感悟和反思，完成学习任务，达成学习目标。

4）研学旅行课程实施过程中的即时评价

根据课程内容对学生的一般行为给予适时指导，依据研学手册中的评价指标和评价量表对学生的行为表现做出评价。对景区或基地的特别要求给予学生及时提醒和引导，对这些特殊要求的执行情况做出即时性评价。评价结果作为最终成果认定时的参考指标。

（2）研学旅行课程的学习

1）学习方式。研学旅行课程是实践课程、行走中的课程、情境化的课程，这就决定了研学旅行中学生的学习是一种自主实践学习、自主探究学习，是一种以亲身体验为主的学习。

2）学习任务。研学旅行是以培养学生具有科学探究的能力，具备应有的核心素养，形成正确的态度和价值观为主要任务的学习，知识的习得是次要的学习任务。

3）学习素养。在研学旅行过程中，学生要学会带着任务和问题倾听与体验。在听取研学导师或景区讲解员进行学习资源的讲解时，要学会在倾听中思考、在思考中倾听，交流与咨询应在讲解完成或阶段性完成时进行；要学会在不同类型的学习资源中学习应具有和表现出的素养与规范。比如，在博物馆和纪念馆中应保持安静，特别是在集体解说时，安静是一种基本素养。

58. 研学旅行课程评价的核心问题应分哪几个层次？

研学旅行课程评价的核心问题包括如下几个层次的问题：

对什么或对谁进行评价（即评价的对象）；依据什么样的价值取向进行评价；用什么样的方法进行评价；建立什么样的模式或流程进行评价。

（1）对什么或对谁进行评价（即评价的对象）

1）对学生的评价

课程评价的对象首先是学生。对学生进行课程评价是为了判定预设的教育目标经过课程实施在多大程度上得以实现；学生是否产生了预期的行为变化，在多大程度上发生了这种变化。

研学旅行课程是行走的课程，是实践的课程。教育目标，即预期的学习结果是多元化的。学生由于知识的拓展而引起的认知结构的变化、思维的变化、探究能力的变化，以及在真实情境中学习得到刺激与体验，从而产生的情感态度与价值观的变化，都可以通过课程评价来判断这些行为或倾向所发生的程度。

2）对课程本身的评价

对课程本身的评价，包括对课程理念、课程结构、课程目标的确定，课程内容的选择，课程实施的计划等进行评价，主要在于判断课程设计的合理性、系统性和科学性。通过对课程内容结构进行评价，判断课程是否具有系统性，通过对课程理念、课程目标、课程内容进行评价来判断课程的科学性，通过对课程实施进行评价来判断课程的合理性与规范性。

在对课程本身进行评价时，通过对学生学习结果的分析评价，判断学习结果与预期目标的吻合程度，也就是目标的达成度。如果吻合度较差，课程目标的达成度就较差。通过评价发现目标达成度差的时候，就要分析是课程实施过程的问题，还是目标设定的问题，从而可以根据评价所发现的问题对课程进行改进。所以课程评价既依托于课程目标，也对课程目标的科学性和合理性进行反馈。

3）对课程实施者的评价

研学旅行的课程实施者由两部分人员组成，即主办方派出的带队教师和承办方派出的研学导师。

主办方的带队教师承担着代表学校监督承办方实施课程的责任，所以就双方的关系而言，主办方的带队老师是评价者，而承办方的研学导师是被评价者。主办方的带队教师由学生和学校主管部门进行评价。

（2）依据什么样的价值取向进行评价

任何评价都以一定的价值取向为基础，评价的价值取向决定方法选择和评价的具体模式。比较典型的课程评价取向主要有三类，即目标取向的评价、过程取向的评价和主体取向的评价。

1）目标取向的评价

目标取向的评价就是一种把教学结果与课程目标相对照的课程评价。在研学旅行课程评价中，可以将各种学习成果所体现的价值与研学旅行课程的总体目标和具体目标相对照，以判断课程目标达成的程度。

目标取向的评价多采用量化评价。

2）过程取向的评价

过程取向的评价对研学旅行课程评价具有更重要的意义。过程取向的评价强调在课程实施过程中把学生的全部行为和表现都进行观察和评价。这种评价不以课程预设的学习目标为评价的绝对标准，凡是有教育价值的学习结果，无论是否符合预设的课程目标，都应予以肯定和鼓励。显然，过程取向的评价更适合研学旅行课程目标的多元化和学习结果的发散性的特点，也更适合研学旅行作为行走中的课程的课程价值。

过程取向的评价既可以采用量化评价，也可以采用质性评价。

3）主体取向的评价

主体取向的评价是评价者与被评价者共同建构意义的过程，评价过程是民主参与、沟通协商的过程。价值多元、尊重差异为主体性评价的基本特征。主体取向的评价主张质性评价。

在研学旅行课程评价中，可以依据不同的评价内容，采取不同取向的课程评价，以适应研学旅行课程价值多元化的特征。

（3）用什么样的方法进行评价

课程评价方法大致分为两类，即量化评价和质性评价。

量化评价是一种把复杂的教育现象和课程现象简化为数量，通过对数量的分析与比较获得评价结果的评价方法。通常这种数据呈现为分数的形式。绝大多数以"纸笔测试"为考查形式的考试，都属于量化评价。研学旅行中某些方面的评价也可以采用量化评价的方式。比如研学旅行课程中，在对学生的纪律表现进行评价时规定，"学生遵守时间约定，在重要时间节点不迟到，满分10分，迟到一次扣2分"。我们可以看到，在这里就是把学生是否守时这样的教育行为转化成了分数进行评价。

质性评价也被称为自然主义评价方法，是指通过自然调查，充分揭示和描述评价对象的各种特质的评价方法。质性评价主张评价要全面反映教育现象和课程现象的真实情况，为课程实践和教育改进提供依据。质性评价更适用于复杂的教育现象的评价。研学旅行是跨学科跨领域的课程，无论是评价内容还是学习结果，远比一般的学科课程要复杂得多。所以，质性评价是研学旅行课程评价的重要方法。

对研学旅行课程而言，由于评价目标和评价内容的多元性和发散性，一般要采用量化评价和质性评价相结合的方法。

（4）建立什么样的模式或流程进行评价

研学旅行课程评价通常采用目标达成评价模式。根据研学旅行课程的具体特点，结合过程取向评价和主体评价的理念，采取量化评价与质性评价相结合的评价方法，可以对研学旅行课程制订如下评价模式：

1）解析研学旅行课程的总体目标和具体目标，制订课程评价的评价指标体系；

2）明确这些课程目标实现所对应的课程模块和学习情境；

3）根据课程目标的类型设计量化评价和质性评价量表；

4）设计为评价提供证据信息的记录用表，记录证据信息；

5）综合评价量表和记录用表所记录的证据信息，得出评价结果；

6）结合对学生观察的直接认知和学生自评情况，对评价结果进行反思，检验评价体系的客观性、信度和效度，对评价体系进行修订和完善。

59. 如何制订对学生评价的评价指标体系？

（1）评价指标的确定

课程评价指标应依据学习成果类型（参见第96问）进行拟定。依据成果类型可以制订一级和二级评价指标体系。

过程性评价的一级评价指标对应内化成果中除知识成果以外的三种类型。二级评价指标在对该成果类型进一步分解的基础上制订可清晰界定、易操作的评价指标。

成果性评价的一级评价指标对应外显成果和内化成果中的知识成

果，知识成果可以在对过程性学习任务和课后作业的评价中体现，共五个类型，相应有五个一级指标。二级指标可以依据对成果评价的不同维度设置。对二级评价指标作进一步的解析，明确能够体现二级指标所对应的具体行为表现，作为评价的内容。

（2）结合研学旅行课程各单元的具体目标，明确二级评价指标在各单元具体教学情境的体现，确定相应指标的评价方法（量化评价或质性评价）和评价结果的呈现形式（分数呈现或等级呈现）。

在每一个学习单元中具体应用时各评价指标不一定面面俱到，要与实际的教学情况相结合。各学段的指标体系也不尽相同。鉴于研学旅行课程的特殊性，每一条线路的课程在课程设计时都要结合课程资源的属性和学生的情况制订有针对性的课程评价指标体系。

下表为过程性评价指标体系样例。

过程性评价指标体系

一级指标	二级指标	评价内容	评价方法（量化或质性）	结果呈现方式（分数或等级）
能力	观察能力	观察方法、观察专注度、信息记录		
	倾听能力	认真倾听研学导师和景点讲解员的讲解，注意倾听环境，不影响他人，会记录信息		
	表达能力	善于提问，积极回答问题，语言流畅、逻辑清晰		
	合作能力	小组合作表现、师生合作表现、宿舍合作表现		
	动手能力	动手意识、遵守流程、创新表现		
	探究能力	发现问题、分析问题、解决问题的表现		
	欣赏能力	对自然、对文化的欣赏能力		

（续表）

一级指标	二级指标	评价内容	评价方法 （量化或质性）	结果呈现方式 （分数或等级）
态度	是非观	对事物有正确的认识		
	自然观	热爱自然的态度表现		
	价值观	对文化、事物的价值认同		
	社会责任	同情心、责任感		
行为	时间观念	遵守时间要求，不迟到		
	秩序意识	参观排队，保持安静，遵守规则		
	礼仪规范	与同学、老师、其他相关人员礼貌相处，举止得体		
	环保表现	保护环境，不乱扔垃圾		
	语言文明	不大声喧哗，语言文明，不说脏话		

下表为成果性评价指标样例。

成果性评价指标体系

一级指标	二级指标	评价内容	评价方法 （量化或质性）	结果呈现方式 （分数或等级）
过程性学习任务	信息记录	听讲笔记、观察记录、探究数据		
	体验感悟	学习过程中的体验和即时感悟记录		
	反思应用	对学习内容的反思和启示		
课后作业	规范性	书写、语言表达的规范程度		
	科学性	知识运用准确性和问题分析的逻辑性		
	创新性	观点和见解的独特性和创新性		
	完整性	问题解析的系统性和完整性		

（续表）

一级指标	二级指标	评价内容	评价方法 （量化或质性）	结果呈现方式 （分数或等级）
文本成果	规范性	书写、语言表达的规范程度		
	科学性	知识运用的准确性和问题分析的逻辑性		
	创新性	观点和见解的独特性和创新性		
	完整性	问题解析的系统性和完整性		
影像成果	思想性	影像成果的主题内涵所表达的思想价值		
	艺术性	成果所体现的影像艺术与技术价值		
	创新性	成果在艺术、技术和思想价值方面所表现出来的独特性和创新性		
制作成果	思想性	制作成果的主题内涵所表达的思想价值		
	艺术性	成果所体现的艺术价值		
	技术性	成果所表现的制作技术与工艺、技法水平		
	创新性	成果在艺术、技术和思想价值方面所表现出来的独特性和创新性		

60. 对学生评价的评价量表有哪些形式？

根据课程评价指标体系和所确定的评价方法及评价结果呈现方式，设计量化评价和质性评价量表。

量化评价通常以分数呈现评价结果。评价分数的产生有两种操作方式：一种是扣分制。设定某一指标评价的满分值，出现评价内容中的负面行为相应扣减分值，扣减后剩余分数为该项评价指标的评价结果。另一种是加分制。当出现评价内容中的鼓励性行为时，加上相应分数，最后加分的累计值为该项评价指标的评价结果。这一类评价结果可以设定上限最高分值，也可以不设。

下表为量化评价量表示例。

量化评价量表示例

评价指标	时间观念（10分）	环保意识（10分）	就餐秩序（15分）	学习秩序（15分）	参观秩序（30分）	合作能力（10分）	奖励得分（10分）
评价内容	按时集合，有事提前向带队老师请假	随手带走自己的垃圾。不破坏环境卫生。	在餐桌上安静就餐，不说话打闹，不浪费粮食	在课程学习过程中不玩电子游戏或做其他与游学无关的事	安静有序，听从带队老师的安排和指挥，不脱离团队，不擅自行动	在整个活动中能够关心同学。在团队中和同学友好相处	1. 组长，加2分。2. 研学导师、带队教师认定的好人好事经导师团队议定后酌情加分
评价标准	未经批准集合迟到，擅自离队，每次扣2分	乱扔垃圾，破坏环境卫生，一次扣2分	就餐时嬉戏打闹，一次扣2分，浪费粮食一次扣3分	课程学习过程中长时间玩电子游戏，酌情扣1~3分，嬉戏打闹一次扣2分	不服从研学导师安排擅自行动，一次扣2~5分	活动过程中发表不利于团队和谐的言论，一经查实，每次扣2分，与同学发生口角一次扣2~5分	
计分依据							
得分							
合计得分			研学导师签字			学生签字	

质性评价通常以等级呈现评价结果，一般可以设置优秀、良好、合格、不合格四个等级。量表也可以采用李克特量表的设计形式。

下表为质性评价量表示例。

过程性评价质性评价量表示例

评价类别	评价等级	单元课程自我评定				
		第1天	第2天	第3天	第4天	第5天
考勤情况	A. 从未迟到　　　　　B. 一次集合迟到 C. 两次集合迟到　　　D. 经常集合迟到					
乘坐交通工具纪律	A. 遵守纪律　　　　　B. 偶尔不听指挥 C. 经常不听指挥　　　D. 影响整个团队进程					
研学课堂纪律	A. 遵守纪律　　　　　B. 偶尔不听指挥 C. 经常不听指挥　　　D. 影响整个团队进程					
听讲情况	A. 能积极主动听讲　　B. 需提醒后完成 C. 听讲不积极　　　　D. 基本不参与					
发言讨论	A. 能积极主动发言　　B. 偶尔主动发言 C. 被动发言　　　　　D. 不配合发言					
就餐礼仪	A. 排队打饭，不挑食　B. 插队打饭 C. 经常插队打饭，挑食 D. 只吃零食					
团队合作	A. 互帮互助　　　　　B. 与同学沟通不多 C. 不愿意沟通　　　　D. 以自我为中心					
礼貌修养	A. 尊重他人　　　　　B. 个人行为举止需提高 C. 漠视他人，不礼貌 D. 说脏话，不尊重他人					
环保	A. 主动捡拾垃圾　B. 不乱丢垃圾 C. 乱丢垃圾　　　D. 乱丢垃圾，提醒后不捡拾					
研学记录	A. 主动且认真记录　B. 需提醒后记录 C. 书写潦草　　　　　D. 不认真记录					
作业完成	A. 内容丰富，书写认真 B. 感悟不深，书写认真 C. 内容简单，书写一般 D. 内容不完整，书写潦草					
评价等级数量统计						
自我评定等级	A. 优秀　B. 良好　C. 合格　D. 不合格					
教师评价等级	A. 优秀　B. 良好　C. 合格　D. 不合格		签字			

成果性评价质性评价量表示例

一级指标	二级指标	评价内容	评价结果			
			优秀	良好	合格	不合格
过程性学习任务	信息记录	听讲笔记、观察记录、探究数据				
	体验感悟	学习过程中的体验和即时感悟记录				
	反思应用	对学习内容的反思和启示				
课后作业	规范性	书写、语言表达的规范程度				
	科学性	知识运用的准确性和问题分析的逻辑性				
	创新性	观点和见解的独特性和创新性				
	完整性	问题解析的系统性和完整性				
文本成果	规范性	书写、语言表达的规范程度				
	科学性	知识运用的准确性和问题分析的逻辑性				
	创新性	观点和见解的独特性和创新性				
	完整性	问题解析的系统性和完整性				
影像成果	思想性	影像成果的主题内涵所表达的思想价值				
	艺术性	成果所体现的影像艺术与技术价值				
	创新性	成果在艺术、技术和思想价值方面所表现的独特性和创新性				
制作成果	思想性	制作成果的主题内涵所表达的思想价值				
	艺术性	成果所体现的艺术价值				
	技术性	成果所表现的制作技术与工艺、技法水平				
	创新性	成果在艺术、技术和思想价值方面所表现的独特性和创新性				
总体评价结果						

61. 对研学旅行课程的评价包括哪些内容?

对研学旅行课程的评价应该从以下几个方面进行:

(1) 对线路规划的评价

研学旅行课程既是教育课程,又是旅游活动,对线路规划的评价是针对研学旅行课程作为一种旅游活动的性质的评价。

1) 线路学习资源的典型性

课程线路规划是不是合理,首先应该看线路所选的景点是否具有区域的典型性。具有典型性的景点组合出来的课程具有教育示范性,也才更具有吸引力。在进行评价时要对课程涉及的主要学习资源进行分析,考察各单元的资源在所在区域、所属类型中的代表性和影响力,要从其经济价值、社会价值和学术价值等多方面进行评价。

其次,对作为课程的研学旅行,要考察其各学习资源的主题相关性。各个学习资源的选择是否体现了课程主题的相关性。要求各单元的学习资源能够分别表现课程主题的不同特质或不同角度的表征形式,这样课程才具有系统性和层次性,才具有课程的性质,而不是离散的、随意的观光活动。

最后,对课程线路学习资源的典型性评价还要考察学习资源的丰富性。各单元的学习资源既要与主题相关,也要有不同的属性,要能够满足学生多样化的学习体验。

2) 线路规划的安全性

安全是研学旅行课程实施的首要条件。对课程的安全性既要依据课程实施中已经发生的安全事件进行评价,更要从课程设计的角度来进行评价。安全性评价主要包括以下内容:

第一,课程的安全防范措施是否具有针对性和可操作性。课程的安全防范措施是否有针对性要看这些安全防范措施是否预估到了学习资源的社会、文化、气象、地理、生态及物理条件,并针对可能存在的安全风险采取预防性措施。比如当地的社会风俗、民族文化习惯、可能出现的气象灾害、地质特征产生的路况问题、自然景点中的生物毒性及动物安全性问题、参观场所中的文物设施安全性问题，在各单元的课程设计中都应该有相应的安全预防措施。

第二，课程中的注意事项是否清晰、明确、有针对性。安全防范措施的行为主体是课程承办方，注意事项的行为主体是学生。注意事项应该清晰、明确，能够引起学生的注意，能够涵盖所有可能出现安全事件的情况，而且这些事件只要学生注意就可以避免发生。

第三，课程是否有应急预案，应急预案是否全面、严谨、流程化、可操作。安全防范措施是从承办方和学生的角度预防安全事件发生的措施，而应急预案是指意外紧急情况发生时，为使损害降低到最低限度而应该迅速采取的措施。应急预案要有明确的事件分类，不同意外事件的应急处置流程是不同的。要明确应急预案的启动条件，一旦启动，所采取的措施必须科学、安全、高效，应急处置的步骤必须流程化、设计严谨、衔接顺畅、分工明确，具体措施可操作且易操作。只有具备这些条件的应急预案才是好的应急预案。

3）线路时间分配的合理性

线路规划要合理安排好时间，规划课程线路时应根据学习资源的性质和特点安排学生在最佳的时间参观学习。要设计好参观学习的时间和路上时间的分配与衔接，在课程评价时要根据课程实施过程中的实际效果对时间安排的合理性做出评价。

4）线路体能分配的科学性

线路规划时应根据学生的学段特点，对运动量和学生体能合理分配。要把体能消耗量大的学习项目和体能消耗量小的学习项目交替安排，使学生的体能能够有效恢复。前段时间体能消耗量可以大一些，而后一段时间体能消耗量小一些。可以结合课程实施时学生的实际表现和反应对体能消耗的分配情况做出评价。

5）线路交通工具的适当与安全性

线路交通工具的选择既要考虑行程的远近，也要考虑课程的时间分配，更要考虑课程实施过程中的安全性。

6）食宿的特色、舒适、经济与安全性

对食宿情况的评价要从多个方面进行。饮食方面，首先要求安全卫生、营养可口，要保证学生获得足够的营养和热量；其次要考察饮食的丰富性、多样化，要尽可能体现当地的饮食文化特点。在住宿方面要考察所住酒店或宾馆是否经济、舒适、安全。

（2）对课程设计的评价

对课程的评价应包括对课程整体的评价和对课程设计要素的评价。对课程整体的评价应该考察课程的完整性、系统性和规范性；对课程设计要素的评价主要是考察课程目标、课程内容、课程实施及课程评价四个部分的设计是否符合研学旅行课程的设计要求。

1）对课程整体的评价

① 课程体系的完整性

一门完整的课程必须有完整的课程结构，其主体部分必须包括课程目标、课程内容、课程实施和课程评价四个要素。课程评价的主要内容也是针对这些要素做出安排。

研学旅行课程由于其特殊性，除课程主体部分之外，还有其他必不可少的组成部分。比如安全防范措施、安全注意事项、应急预案等安全保障和安全教育内容，行前准备的物品清单，各类通讯联络信息等。在对课程进行评价时，这些内容设置是否规范也是评价的重要方面。

② 课程体系的系统性

作为课程的研学旅行，各单元的学习资源在学习目标上应该具有相关性，而不是离散的、随意的、毫无关系的游览景点。课程设计时应围绕课程主题，挖掘各资源的主题相关性，各单元的主题应与课程的总主题形成层次关系。这应该是研学旅行课程和观光旅游活动计划的重要区别。

③ 课程体系的规范性

研学旅行课程的规范性首先体现在课程结构的规范上。课程目标、课程内容、课程实施和课程评价应该相互照应。课程目标是基础，课程内容、课程实施、课程评价均应围绕课程目标展开。课程的规范性还体现在课程设计的内容上。有的课程设计随意地写一个课程目标，课程内容、课程实施没有相关性，课程评价方案与课程的实施过程也不对应，这样的课程是不规范的。

2）对课程设计要素的评价

① 对课程目标的评价

对课程目标设置的评价应该围绕目标设置的合理性、规范性、适切性展开。评价课程目标是否具有合理性主要看两个方面：一是目标设置应依据国家对研学旅行课程的总体要求，对课程目标评价时要看其是否体现了国家相关要求的主要指标；二是课程目标是否与课程内容相符合，是否能够通过课程内容得以实现。课程目标的规范性主要体现在课程目标的表达与陈述方面，要对目标陈述的规范性做出评价。评价课程目标是否具有适切性主要是看其是否符合学生的学段特点和年龄特点，过高和过低的目标要求都不能发挥课程目标的指导与评价作用。

② 对课程内容的评价

对课程内容的评价，一方面要从整体上对课程内容的系统性做出评价；另一方面还要就课程内容的选择、表达做出评价。在内容选择方面，应该对课程内容所体现的教育性、适切性和多元性做出评价。在课程内容的表达方面，应对单元课程结构的规范性做出评价。

③ 对课程实施的评价

课程实施是课程实现的最主要的设计要素。对课程实施的评价应着重于课程实施的安全性、规范性、科学性和有效性。

对课程实施安全性设计的评价，主要是评价安全专题讲座、安全防范措施、安全注意事项和安全应急预案等内容的科学性、合理性和可操作性，以及这几种安全课程内容是否有清晰的界定。安全性评价可以根据课程实施过程中对各类相关事件的实际应对情况，结合对线路规划的评价一起进行。

对课程实施的规范性评价应重点对课程实施过程中研学导师对课程的理解和组织教学的情况进行评价：研学导师是否履行了教育引导和组织管理的职责，特别在引导学生加深对课程的理解、开展相关的课题研究方面，是否发挥了应有的作用。

对课程实施的科学性评价应重点评价线路规划中的有关要求在实际实施中的具体体现是否符合预设的相关要求，是否存在可以优化的空间。

对课程实施的有效性进行评价一方面应该基于课程实施所取得的成果来进行，另一方面也可以通过问卷调查的方式对学生进行直观感受的评价。

④对课程评价方案的评价

课程评价是课程设计的重要内容。课程评价方案设计的质量，对课程实施效果检验的可靠性有重要影响。对课程评价方案的评价应重点分析以下几个方面：

第一，评价内容的系统性。要看课程评价是否建立了完善的评价指标体系，各项指标的内容和评价标准、评价方法、评价结果的呈现方式是否明确。评价要素相互匹配、具体明确的评价方案才是系统的、规范的评价方案。

第二，评价量表的科学性。评价量表的科学性主要体现在与评价指标对应的评价标准或评价内容的界定上，相关的界定必须明确、具体、可操作，如果是量化评价量表，还必须明确具体行为相应的赋分标准。这些方面界定明确，量表才具有可操作性，才是设计科学的评价量表。

第三，评价方法的适当性。要根据具体的学习资源和评价的目标确定评价的方法。有的评价项目适合量化评价，有的评价项目适合质性评价，在对课程评价方案进行评价时，要考察课程设计的预设评价方法的选择是否适当。

62. 对承办方的工作评价包括哪些内容?

对承办方工作评价的主要内容包括以下三个方面:

(1) 承办方履行合同义务的情况

对承办方的工作评价首先要对承办方履行合同义务的情况做出评价。这些合同义务主要有:

第一，学习计划的执行情况。研学旅行过程是不是按照协议规定的学习计划完成了所有学习单元的参观学习;如果有学习单元内容的调整，是不是属于不可控因素，调整之前是否征得了主办方领队的同意。

第二，交通工具的使用情况。交通工具是否符合协议规定的标准，是否更换了交通工具，所选交通工具是否安全可靠。

第三，食宿标准执行情况。

第四，研学旅行工作团队结构是否符合协议规定。团队是否按照协议要求配备了队医和安全员，研学导师的数量和工作水平是否符合要求。

(2) 承办方课程实施能力的情况

承办方的课程实施能力是课程实施效果的决定因素之一。这些能力主要体现在研学导师对课程内容的理解和熟悉程度，研学导师对研学旅行课程知识掌握的程度，研学导师对学生学习过程的指导能力，研学导师对课程教育意义的了解程度，以及研学导师对课程实施过程的组织能力。主办方可以从以上几个方面对承办方的课程实施能力做出评价。

(3) 承办方管理服务的情况

承办方的管理服务工作包括对学生的管理与服务、与学校带队老师的协调与配合，对研学旅行供应方的协调与督导。对承办方管理服务情况的评价可以从以下这三个方面进行：

第一，对学生的管理与服务。首先承办方对学生有管理的职责，对学生在学习过程中的时间节点、纪律表现、行为表现有教育、约束和引导的义务。同时，承办方也必须为学生提供应有的服务，包括对学生出现的各种意外情况及时处理，比如证件遗失的处理、意外伤害和突发疾病的救治等。

第二，与学校带队教师的协调与配合。在课程实施过程中，学校带队教师有代表学校监督协议执行的责任，承办方的项目组长应及时就学生管理问题、线路计划的变更情况、课程实施的落实情况及时与学校带队教师进行交流，对学校带队教师提出的关切及时落实。

第三，承办方对供应方的协调与调度。供应方包括学习景点地接方、交通工具提供方、住宿酒店、餐饮提供方等。承办方对相关供应方调度与协调的情况体现承办方的工作经验和工作能力。

另外，对课程的评价结果也应作为对承办方的评价结果的组成部分。如果承办方提供的课程不能满足合格课程的要求，承办方工作在最重要的评价指标上也就是不合格的。

63. 如何使用对承办方的评价结果？

对承办方的评价结果，一方面将作为双方合同最终完成的依据，另一方面将决定承办方是否有机会参与学校以后的研学旅行课程竞标。

（1）如果评价结果为承办方完成了合同约定，则主办方应履行合同最终义务，退还承办方的合同保证金，合同终止。如果评价结果为承办方有违约行为，则应按照合同的违约条款执行。如果双方对违约认定有异议，应申请仲裁或走法律程序解决。

（2）主办方可以建立评价结果使用机制。

第一，建立黑名单制。在课程实施过程中各项工作落实较差、学生意见较大、评价结果不合格的承办方，应列入黑名单，可以取消或限制其以后参与主办方举办的研学旅行竞标活动的资格。

第二，建立白名单制。在课程实施过程中学生满意度高、工作评价优秀的承办方，可以列入白名单，在学校以后的研学旅行课程竞标中给予优先权。

第三，建立长期合作机制。连续几次课程实施学生满意度高、工作评价优秀的承办方，学校可以与其建立长期合作机制，双方实行战略合作，共同组建课程研发和工作团队，发挥双方人力和资源优势，合作开发精品课程。

64. 对供应方工作的评价包括哪些内容？评价结果如何使用？

对供应方工作的评价主要包括交通服务、住宿服务、餐饮服务、导游讲解服务、医疗及救助服务等。具体评价标准如下：

（1）交通服务方面

是否按照以下要求选择交通方式：

1）单次路程在400千米以上的，不宜选择汽车，应优先选择铁路、航空等交通方式。

2）选择水运交通方式的，水运交通工具应符合GB/T 16890-2008的要求，不宜选择木船、划艇、快艇。

3）选择汽车客运交通方式的，行驶道路不宜低于省级公路等级，驾驶人连续驾车不得超过2小时，停车休息时间不得少于20分钟。

4）应提前告知学生及家长相关交通信息，以便其掌握乘坐交通工具的类型、时间、地点并准备有关证件。

5）宜提前与相应交通部门取得联系，开通绿色通道或开辟专门的候乘区域。

6）应加强交通服务环节的安全防范，向学生宣讲交通安全知识和紧急疏散要求，组织学生安全有序地乘坐交通工具。

7）应在承运全程随机开展安全巡查工作，并在学生上、下交通工具时清点人数，防止出现滞留或走失的情况。

8）遭遇恶劣天气时，应认真研判安全风险，及时调整研学旅行行程和交通方式。

（2）住宿服务方面

以安全、卫生和舒适为基本要求，提前对住宿营地进行实地考察。主要要求如下：

1）应便于集中管理。

2）应方便承运汽车安全进出、停靠。

3）应有健全的公共信息导向标识，并符合GB/T 10001的要求。

4）应有安全逃生通道。

5）应提前将住宿营地相关信息告知学生和家长，以便其做好相关准备工作。

6）应详细告知学生入住注意事项，宣讲住宿安全知识，带领学生熟悉逃生通道。

7）应在学生入住后及时进行首次查房，帮助学生熟悉房间设施，解决相关问题。

8）宜安排男、女学生分区（片）住宿，女生片区管理员应为女性。

9）应制订住宿安全管理制度，开展巡查、夜查工作。

选择在露营地住宿时还应达到以下要求：

1）露营地应符合GB/T 31710的要求。

2）应在实地考察的基础上，对露营地进行安全评估，并充分评价露营的接待条件、周边环境和可能发生的自然灾害对学生造成的影响。

3）应制订露营安全防控专项措施，加强值班、巡查和夜查工作。

（3）餐饮服务方面

承办方应以食品卫生安全为前提，选择餐饮服务提供方。

1）应提前编排就餐座次表，组织学生有序进餐。

2）应督促餐饮服务提供方按照有关规定做好食品留样工作。

3）应在学生用餐时做好巡查工作，确保餐饮服务质量。

（4）导游讲解服务方面

导游讲解服务是否符合GB/T 15971的要求。

1）应将安全知识、文明礼仪作为导游讲解服务的重要内容，随时提醒引导学生安全旅游、文明旅游。

2）应结合教育服务要求，提供有针对性、互动性、趣味性、启发性和引导性的讲解服务。

（5）医疗及救助服务方面

1）应提前调研和掌握研学地点周边的医疗及救助资源状况。

2）学生生病或受伤，应及时送往医院或急救中心治疗，妥善保管就诊医疗记录。返程后，应将就诊医疗记录复印并转交家长或带队老师。

3）宜聘请具有职业资格的医护人员随团提供医疗及救助服务。

对供应方的评价结果，一方面可以作为研学旅行活动承办方与供应方合同最终完成的依据，另一方面将决定承办方与供应方是否继续合作。

如果评价结果为供应方完成了合同约定，则承办方应履行合同最终义务。如果评价结果为供应方有违约行为，则应按照合同的违约条款执行。如果双方对违约认定有异议，应申请仲裁或走法律程序解决。

65. 什么是研学旅行安全注意事项?

安全注意事项是指针对可能发生的意外事故或事件制订的,提醒行为人特别注意,在活动过程中行为人必须遵守的预防性或禁止性措施。

安全注意事项是提供给学生的,行为主体是学生,是在课程实施中学生自己应承担的安全责任。承办方必须提前将注意事项告知学生,并及时对学生进行提醒。

66. 如何制订安全注意事项?

安全注意事项的指向必须具体、有针对性。每一条注意事项都必须针对具体的学习环境、具体的学习条件和具体的设施。

安全注意事项的拟定标准为:只要学生按照注意提示约束和规范自己的行为,就可以避免注意指向的危险。

67. 什么是研学旅行的安全防范措施?

安全防范措施是指为防范安全事故的发生,针对可能发生事故的环境和条件,承办方或组织者应该提前采取的预防性措施。

安全防范措施是活动承办方应该采取的措施，制订和采取措施的行为主体是承办方。这些措施必须能够起到规避和防范事故发生的效果。安全防范措施必须由承办方预先制订，由研学导师团队具体操作实施。

68. 如何制订研学旅行安全防范措施？

应从以下几个方面制订安全防范措施：

（1）**基于标准和协议的安全预检**。比如对供应方所提供的车辆、酒店、餐饮按照行业标准和协议要求进行事前的安全检查，确保供应方提供的产品和服务达到规定标准，避免一切不符合安全标准和协议要求的安全隐患的存在。

（2）**基于安全标准的线路规划和资源选择**。在规划线路时避开具有危险的路线和处所，比如雨季易发生泥石流的道路和景点。

（3）**基于安全规范的防护措施**。在参观车间、工地、工业遗址等处所时，要按照安全规范组织学生穿戴防护服和安全帽，在水上活动时要指导学生按照规定穿上救生衣，提醒学生在车辆行驶过程中和飞机起降过程中系好安全带。

（4）**基于安全保障的操作流程**。在进行生产流程的体验学习时必须监督学生按照工艺操作流程实施操作，在进行拓展训练活动时必须提醒和指导学生按照训练设施的使用规则和教练指导的活动规程进行活动。

（5）**基于自然条件的活动安排**。比如在干热环境中的防晒措施，在湿热环境中的防暑措施，在危险路段的团队组织等，都属于安全防范措施的覆盖范围。

（6）**基于社会规则和民风民俗的预防措施**。比如出国出境或到民族地区研学旅行时，应针对当地特殊的社会规则和民风民俗对学生进行教育，在活动过程中约束学生的言行，避免冒犯当地的风俗习惯，在与当地人交往时要尊重当地人的生活习惯和宗教信仰。

69. 什么是应急预案？研学旅行的安全应急预案通常包含哪几种类型？

（1）应急预案

1）《生产经营单位生产安全事故应急预案编制导则》（GB/T29639-2013）中应急预案的定义：为有效预防和控制可能发生的事故，最大程度减少事故及其造成损害而预先制订的工作方案。

2）《突发事件应急预案管理办法》中应急预案的定义：应急预案是指各级人民政府及其部门、基层组织、企事业单位、社会团体等为依法、迅速、科学、有序应对突发事件，最大程度减少突发事件及其造成的损害而预先制订的工作方案。

安全注意事项和安全防范措施是以预防事故的发生为目的的，而应急预案是在出现安全事故或紧急情况时，为将损失降低到最小而采取的必要措施。

（2）应急预案的类型

应急预案分为综合应急预案和专项应急预案两大类。

1）综合应急预案

综合应急预案是生产经营单位应急预案体系的总纲，主要从总体上阐述事故的应急工作原则，包括生产经营单位的应急组织机构及职责、应急预案体系、事故风险描述、预警及信息报告、应急响应、保障措施、应急预案管理等内容。

2）专项应急预案

专项应急预案是生产经营单位为应对某一类型或某几种类型事故，或者针对重要生产设施、重大危险源、重大活动等内容而编制的应急预案。专项应急预案主要包括事故风险分析、应急指挥机构及职责、处置程序和措施等内容。

与研学旅行相关的专项应急预案主要包括以下几种类型：

1）地质与气象灾害应急预案

2）交通事故应急预案

3）食物中毒应急预案

4）突发疾病应急预案

5）意外伤害应急预案

6）暴恐袭击应急预案

7）机动车火险应急预案

8）财物失窃及证件丢失应急预案

70. 编制安全应急预案的基本要求是什么？

《生产安全事故应急预案管理办法》（国家安全生产监督管理总局令第88号）对于安全应急预案的编制做出了明确具体的要求：

第七条　应急预案的编制应当遵循以人为本、依法依规、符合实际、注重实效的原则，以应急处置为核心，明确应急职责、规范应急程序、细化保障措施。

第八条　应急预案的编制应当符合下列基本要求：

（一）有关法律、法规、规章和标准的规定；

（二）本地区、本部门、本单位的安全生产实际情况；

（三）本地区、本部门、本单位的危险性分析情况；

（四）应急组织和人员的职责分工明确，并有具体的落实措施；

（五）有明确、具体的应急程序和处置措施，并与其应急能力相适应；

（六）有明确的应急保障措施，满足本地区、本部门、本单位的应急工作需要；

（七）应急预案基本要素齐全、完整，应急预案附件提供的信息准确；

（八）应急预案内容与相关应急预案相互衔接。

71. 应急预案的编写程序是什么？

根据《生产经营单位生产安全事故应急预案编制导则》（国家质量监督检验检疫总局等发布）规定，结合研学旅行工作实际，应急预案编制应包括六个过程。

（1）成立应急预案编制工作组

研学旅行参与单位应结合本单位部门职能和分工，成立以单位主要负责人（或分管负责人）为组长，单位相关部门人员参加的应急预案编制工作组，明确工作职责和任务分工，制订工作计划，组织开展应急预案编制工作。

（2）资料收集

应急预案编制工作组应收集与预案编制工作相关的法律法规、技术标准、应急预案案例，进行线路勘察，收集课程资源中与预案编制相关的环境、设施、气象、地质、人文等有关资料。

（3）风险评估

主要内容包括：

1）分析研学旅行课程实施过程存在的危险因素，确定事故危险源。

2）分析可能发生的事故类型及后果，并指出可能产生的次生、衍生事故。

3）评估事故的危害程度和影响范围，提出风险防控措施。

（4）应急能力评估

全面调查和客观分析本单位以及研学旅行课程各参与方应急能力，并依据评估结果，完善应急保障措施。

（5）编制应急预案

依据风险评估以及应急能力评估结果组织编制应急预案。应急预案编制应注重系统性和可操作性，做到与相关部门和单位的应急预案相衔接。

（6）应急预案评审

应急预案编制完成后，应组织评审。评审分为内部评审和外部评审，内部评审由本单位主要负责人组织有关部门和人员进行。外部评审由本单位组织外部有关专家和人员进行评审。应急预案评审合格后，由单位主要负责人（或分管负责人）签发实施，并进行备案管理。

72. 研学旅行综合应急预案包括哪些内容？

（1）总则

1）编制目的

简述应急预案编制的目的。

2）编制依据

简述应急预案编制所依据的法律、法规、规章、标准和规范性文件以及相关应急预案等。

3）适用范围

说明应急预案适用的工作范围和事故类型、级别。

4）应急预案体系

说明本单位研学旅行安全应急预案体系的构成情况，可以思维导图的形式表述。

5）应急预案工作原则

说明本单位应急工作的原则，内容应简明扼要、明确具体。

（2）事故风险描述

简述研学旅行课程实施过程中可能存在的事故风险种类、发生的可能性、严重程度及影响范围等。

（3）应急组织机构及职责

明确本单位的研学旅行应急组织形式及组成部门或人员，可以结构图的形式表示；明确构成部门的职责。应急组织机构根据事故类型和应急工作需要，可设置相应的应急工作小组，并明确各小组的工作任务及职责。

（4）预警及信息报告

1）预警

根据研学旅行风险监控信息变化状况、事故险情紧急程度和发展态势或有关部门提供的预警信息进行预警，明确预警的条件、方式、方法和信息发布的程序。

2）信息报告

信息报告程序主要包括：

① 信息接收与通报

明确24小时应急值守电话、事故信息接收、通报程序和责任人。

② 信息上报

明确事故发生后向上级主管部门、上级单位报告事故信息的流程、内容、时限和责任人。

③ 信息传递

明确事故发生后向本单位以外的有关部门或单位以及学生家长通报事故信息的方法、程序和责任人。

（5）应急响应

1）响应分级

针对事故危害程度、影响范围和本单位以及研学旅行带队教师团队或课程项目组控制事态的能力，对事故应急响应进行分级，明确分级响应的基本原则。

2）响应程序

根据事故级别的发展态势，描述应急指挥机构启动、应急资源调配、应急救援、扩大应急等响应程序。

3）处置措施

针对可能发生的事故风险、事故危害程度和影响范围，制订相应的应急处置措施，明确处置原则和具体要求。

4）应急结束

明确现场应急响应结束的基本条件和要求。

（6）信息公开

明确向有关新闻媒体、社会公众通报事故信息的部门、负责人和程序以及通报原则。

（7）后期处置

主要明确医疗救治、人员安置、善后赔偿、应急救援评估等内容。

（8）保障措施

1）通讯与信息保障

明确可为研学旅行提供应急保障的相关单位（如研学旅行所在地的派出所、医院以及研学旅行投保的保险公司等）及人员通讯联系方式和方法，并提供备用方案。同时，建立通信系统及维护方案，确保应急期间信息通畅。

2）应急队伍保障

明确应急响应的人力资源，包括应急专家、专业应急队伍、兼职应急队伍等。

3）物资装备保障

明确与研学旅行救援相关的应急物资及使用条件、采购管理责任人及其联系方式等内容。

4）其他保障

根据应急工作需求而确定的其他相关保障措施，如经费保障、交通保障、技术保障、医疗保障、后勤保障等。

（9）应急预案管理

1）应急预案培训

明确对本单位研学旅行从业人员及相关人员开展的应急预案培训计划、方式和要求，使有关人员了解相关应急预案内容，熟悉应急职责、应急程序和现场处置方案。

2）应急预案演练

明确不同类型应急预案演练的形式、范围、频次、内容以及演练评估、总结等要求。

3）应急预案修订

明确应急预案修订的基本要求，并定期进行评审，实现可持续改进。

4）应急预案备案

明确应急预案的报备部门，并进行备案。

5）应急预案实施

明确应急预案实施的具体时间、负责制订与解释的部门。

73. 研学旅行专项应急预案包括哪些内容?

研学旅行专项应急预案主要包括事故风险分析、应急工作职责、应急处置和注意事项等内容。

（1）事故风险分析

针对研学旅行课程实施过程中可能发生的事故风险，分析事故发生的可能性以及严重程度、影响范围等。研学旅行事故风险分析主要包括：

1）事故类型；

2）事故发生的区域、地点；

3）事故危害的严重程度及其影响范围；

4）事故前可能出现的征兆；

5）事故可能引发的次生、衍生事故。

（2）应急指挥机构及职责

根据事故类型，明确应急指挥机构总指挥、副总指挥以及各部门或人员的具体职责。应急指挥机构可以设置相应的应急救援工作小组，明确各小组的工作任务及主要负责人职责。

（3）应急处置

研学旅行应急处置主要包括以下内容：

1）事故应急处置程序。明确事故及事故险情信息报告程序和内容、报告方式和责任等内容。根据事故响应级别，具体描述事故接警报告和记录、应急指挥机构启动、应急指挥、资源调配、应急救援、扩大应急等应急响应程序。确定与研学旅行各参与方应急预案衔接的程序。

2）现场应急处置措施。针对可能发生的事故风险、事故危害程度和影响范围，从人员救护、处置操作规范、事故控制、善后处理等方面制订明确的应急处置措施。

3）明确报警负责人、报警电话及上级管理部门、相关应急救援单位联络方式和联系人员、事故报告基本要求和内容。

（4）注意事项

应急处置的注意事项主要包括：

1）采取救援对策或措施方面的注意事项；

2）现场自救和互救注意事项；

3）现场应急处置能力确认和人员安全防护等事项；

4）应急救援结束后的注意事项；

5）其他需要特别警示的事项。

74. 研学旅行手册的设计原则有哪些?

研学旅行手册的设计应遵循以下原则:

（1）研学旅行手册的设计要做到内容全面。手册内容应该包括课程简介和课程设计的四个要素，即课程目标、课程内容、课程实施和课程评价，这是手册的主体部分；除此之外，手册还可以以附件的形式给出安全注意事项和应急措施、行前准备用的物品备忘检查表、导师团队人员电话信息、学生小组成员电话信息、驻地医院和派出所联系信息。

（2）研学旅行手册的设计应图文并茂，形式新颖。在学习资源信息简介当中插入经典图片信息，使学生阅读学习更直观，增强趣味性和吸引力。

（3）过程性学习任务和课后作业能够引导学生深入学习，可以设计有余量的学习任务，供研学导师和学生选择使用。

（4）研学旅行手册的设计要方便实用。学生可以在手册上进行信息记录，完成作业，教师可以依据研学手册上学习任务的完成情况对学生进行学习成果的评价。

（5）研学旅行手册的设计要体现教育功能和特征。有关概念的使用要规范，内容设计要符合课程的基本原理。

75. 研学旅行手册应包括哪些内容?

研学旅行手册是课程设计方案的物化呈现,是课程设计的最终产品。规范的研学旅行手册应该包括以下内容:

(1)课程简介

在课程简介中要简略介绍课程各单元学习资源的主要信息,阐明课程主题和各单元之间的系统性和层次性,说明对本课程学习的意义。

(2)课程总体目标

课程总体目标是课程在宏观层面上要实现的目标,可以依据国家对研学旅行课程的教育定位以及中国学生发展核心素养培养体系的相关指标分类确定。

(3)课程规划

课程规划是指本课程共规划设置了几个单元或模块,可以按照行程先后列出各单元的目录。单元名称要符合相关规范,最好能体现单元的资源特征。

(4)行程规划

行程规划中应详细列出各学习单元、行程途中的时间节点,每一景点参观学习的时长、集合地点,各段行程的交通工具类别,所乘车船、飞机的车次或航班号。

(5)课程实施

课程实施分单元陈述。每个单元的课程实施过程通过单元课程呈现。每个单元的课程内容应包括:

1)单元标题。

2)课程实施的具体地点。

3)课程时长。

4)本单元课程内容的相关学科。

5）本学习单元的具体课程目标。

6）课程实施方式。

7）课程资源详述。

8）过程性课程任务。

9）课后作业。

10）文明行为的即时性指导与评价。

11）本单元学习游览时的注意事项。

（6）课程评价

课程评价部分要提供过程性评价和成果性评价的评价量表。

（7）学习成果

在研学手册中呈现的主要是研究报告、研学论文或研学活动总结等成果主件。高中生应完成研究报告，初中生可以完成研学论文，小学生可以写出研学活动总结或小作文。

（8）附件

为研学旅行课程的顺利实施提供保障的内容，可以在附件中呈现。主要包括：

1）行前物品备忘检查表。

2）安全注意事项及安全应急预案。

3）重要信息

①通讯录：包括学生电话、家长电话、研学导师与带队教师的电话。

②离课程实施地点最近的派出所的相关信息。

③离课程实施地点最近的医院的相关信息。

第四编

研学旅行课程
实施规范

76. 学校和承办方的研学导师团队如何组建？

（1）主办方研学导师团队的组建

每一条线路组建一个教学团队。

每条线路有一位领队，通常由一名学校中层干部担任。如果某一线路选课人数较多，需要分批出行，则应再配备一名副领队带领后一批学生出行。

每10～20名学生组建一个研学小组，配备一名带队教师，领队和副领队兼任带队教师。一般每辆车要配备三名带队教师，组成一个研学教学小组，全程随车随队组织教学，进行管理。

研学教师团队在领队的带领下，分工协作，共同完成研学旅行行前课程的相关任务。

（2）承办方研学导师团队的组建

课程中标后，承办方应立即组建课程项目组，着手开展各项工作。首先应确定项目组组长，负责统筹协调研学旅行各项工作。配备研学导师一名，协助项目组组长开展工作，获取学生的选课信息后，根据选课人数确定应该配备的研学导师人数。如果选课学生人数多，可以安排分批出行。由项目组长带领第一批，再安排一名副组长带领第二批。每批每车应至少配备一名研学导师、一名安全员。通常每批配备一名队医，一个出行批次为一个教学团队。项目组长对各批次的教学工作进行总调度，针对前一批次在课程实施中出现的问题提醒下一批次做好预防和应对措施，并安排供应方做好下一批次的接待工作。

（3）承办方研学导师团队的资质审核

承办方研学导师团队成员确定后要将成员资质证明提交学校审核，包括项目组长、研学导师、安全员、随队医生等所有团队成员必须符合国家关于研学旅行从业人员要求的相关标准，必须符合招标公告和双方合作协议关于团队成员的相关约定。对于不符合要求的从业人员学校应要求承办方替换。

（4）管理架构与分工分组

双方的研学导师团队成员确定后，应在研学旅行出发前召开联席会议，建立团队工作机制，分工合作，建立管理架构。

研学旅行课程实施应以承办方团队成员为主，学校的教师团队配合承办方对学生进行管理，并对课程实施进行全程监督。在课程实施过程中与招标协议不一致的行程或教学内容、服务标准的调整，必须经过学校领队的同意，如有重大调整学校领队应请示学校领导同意方可执行。

对于不违背招标协议的行程内课程实施的具体安排，学校带队教师应尊重承办方研学导师的工作职责。如有分歧，可以提出自己的意见和建议，如果确实认为对方的工作情况有问题且不能达成一致，在不侵害学生权益的前提下，可以保留意见，并在工作评价中予以记录。

77. 学校在行前应完成哪些动员和组织工作？

（1）对学生的动员

1）研学旅行课程实施的政策背景

在对学生进行研学旅行课程动员时，首先应全面阐述课程开设的

政策背景，让学生理解研学旅行课程对个人学业发展和未来发展的重
要作用。

从学业角度来看，研学旅行课程的学习结果将是个人《学生综合素质
评价报告》的重要内容，是未来高等院校招生的重要参考依据。尤其在高
校自主招生和综合素质评价招生等招生途径中，是高校评价考生是否具备
自主招生或综合评价招生资格的重要条件之一。

从个人未来发展的角度看，实践学习永远是书本学习无法替代的学习
方式。在研学旅行中开阔眼界、增长知识，提高技能、学会分析，掌握课
题研究规范，是未来学习和工作的重要基础。

2）研学旅行的课程特点

在对学生进行动员时，还要向学生阐述研学旅行的特点，让学生了解
研学旅行课程与普通学科课程的重要区别。可以从课程目标、课程内容、
课程实施、课程评价等基本要素方面让学生对研学旅行课程有一个总体的
认知。

要让学生了解研学旅行课程的基本任务。在研学旅行课程中学生除了
从一般的观光旅行中获得收益以外，还必须完成基本的学习任务。这些任务
包括课程实施过程中的作业以及形成研学旅行成果。

要在课程动员中让学生清楚研学旅行课程的学习方式，让学生学会倾
听、观察、分析和自我管理，学会合作研究，学会交流分享。

3）研学旅行课程管理

研学旅行课程管理是必须让学生知道的重要内容。要在课程动员时向
学生介绍学校的研学旅行课程管理规程，让学生知道旅行过程中应该遵守
的纪律、在课程实施过程中和课程结束后对学生进行评价的内容和方法。
高中学生要知道如何进行学分认定，哪些成果和评价结果要记入《学生综
合素质评价报告》。要向学生阐明行后课程的内容，让学生知道学习成果
展示、评比与表彰方案。

4）选课指导

公布中标课程与承办方，介绍各线路课程规划，公布课程费用，指导学生选课。选课时指导学生应该考虑的主要原则如下：

第一，兴趣原则。首先应该选择自己感兴趣的课程线路。

第二，健康原则。要考虑课程线路的旅行运动强度，要在自己体能可以承受的范围内选择课程。要考虑线路的气候条件，选择适合自己体质特点的线路课程。

第三，经济原则。要考虑不同线路的费用标准，根据家庭经济条件选择适合自己情况的课程线路。

（2）开设家长课程

学校开设家长课程是为了让学生家长知道研学旅行课程开设的政策背景，明白研学旅行不是学校的个体行为，而是国家课程要求。向学生家长讲清楚课程的重要意义，让家长理解研学旅行课程不是观光旅行，根本目的是要取得学生家长对研学旅行工作的理解、支持与配合。

（3）课程（线路）选课与编组

1）选课

学生根据中标课程信息和学校的选课指导意见，在规定时间内完成选课。选课可以利用学校的网上选课系统，也可以人工统计选课情况。选课的同时登记学生信息，包括学生的身份证号码、性别、血型、班级、父母的联系电话、学生本人在研学旅行期间携带的电话、疾患及特殊体质声明等信息。

2）编组

根据各线路选课的人数将学生进行分组。各小组按规定配备研学导师，组建学校带队教师团队。每个小组指定一名组长，由小组长和本组带队教师建立本组的联系渠道，包括电话信息、微信或QQ群。如有重要通知，组长要确保能在规定的时间内通知到每个人。

将学生的选课名单及相关信息提供给承办方。承办方根据报名人数和学校提供的分组信息，组建研学导师团队，准备出行物资。

3）缴费

安排统一时间，各中标的课程承办方派人携带收款设备到学校收费，或公布支付宝、微信等收费二维码进行在线收费。现场缴费的，学校要通知学生及家长提前做好缴费准备，在线缴费的，要在缴费时按要求做好备注。

4）签署协议

承办方要与学生家长签署研学旅行协议，明确规定在研学旅行课程实施过程中双方应承担的义务和应予保障的权益。协议文本应经过学校审核。

78. 学校在行前应在哪些方面与承办方进行沟通并监督其工作？

（1）与承办方的联系机制

学校各线路的领队应负责与承办方的课程项目组长建立有效沟通机制，及时交流各自工作进展，交流行前工作中需要沟通配合的各种情况。

（2）要对行程规划认真细致地审核，注意招标时约定的行程是否有调整，特别要确保行程中不能安排购物活动以及自费项目。

（3）要监督承办方合理订购机票和火车票，如果合同中有关于航班机型的约定，必须按协议订票。如没有机型的约定，则主要审核航班时间是否合适。

（4）监督承办方按照招标协议规定履行承诺。特别要监督承办方确定最终的行程规划，完成研学旅行手册的修订。

79. 承办方研学导师团队行前应履行哪些工作职责？

（1）沟通与协调

1）与主办方建立沟通渠道

项目组要及时与主办方沟通协调，建立沟通联系渠道。要与主办方工作团队建立多种联系渠道，包括电话联系渠道、微信或QQ群，在课程准备期间就各类问题随时讨论解决。

2）获取选课学生信息

主办方组织学生选课后会及时把学生报名及分组信息提供给承办方。承办方项目组应根据学生分组名单和带队教师信息安排出行批次和车次，将分配方案与主办方工作团队交流确认。之后的课程准备工作将以此为基础展开。

（2）物资准备

根据师生人数和出行批次与车次配置方案，采购团队衣服和帽子、胸牌、行李牌、纪念品、活动用小礼品（奖品）等物品；印刷研学旅行手册；准备与课程实施有关的教学资料以及旅途中车上播放的音乐视频资料；饮用水；一次性雨披；团队成员配备导游旗、对讲机、扩音器、话筒等工作物品。

（3）课程线路勘察

1）课程线路勘察应该在收到投标公告或投标邀请书后，在准备课程设计方案和编制研学旅行手册之前完成。

2）如果在提交投标书之前确实来不及进行线路勘察，则课程中标后必须进行线路勘察。

（4）与供应方的合作洽商

1）资质审查

对所有拟合作的供应方进行资质审查，确保供应方为合法、合格、具有安全保障、有课程实施能力和供应服务能力的合作方。

2）旅游景区

①团购门票的优惠价格议定。

②景区内单独收费景点的门票优惠议定。

③景区内部交通工具的使用议定。

④有提前预约要求的景区预约参观时间。

⑤ 预约景区讲解员，与确定的讲解员沟通授课内容和注意的问题。

⑥ 确定景区的特殊要求，如安全注意事项、活动组织方式、禁止性规定等。

3）场馆、营地

① 参观学习项目的议定，如有订制类活动，进行活动项目的选择和活动内容的确定。

② 收费价格与支付方式的议定。

③ 预约讲解员或场地教练，与确定的讲解员或教练沟通授课内容和注意的问题。

④ 确定景区的特殊要求，如安全注意事项、活动组织方式、禁止性规定等。

⑤ 有提前预约要求的场馆预约参观时间。

⑥ 签署合作协议。

4）酒店

① 酒店星级标准核定。

② 酒店卫生与安全管理审核查验。

③ 收费标准的议定。

④ 入住时间与房间数的确定。

⑤ 就餐安排。

⑥ 叫醒服务约定。

⑦ 房间预订。

5）非住宿就餐酒店

① 确定饮食特色。

② 审核卫生管理标准。

③ 确定就餐人数与就餐标准，审核菜单，提供特殊人员就餐说明。

④ 确定就餐时间。

⑤ 议定支付方式。

⑥ 就餐预订。

6）地接旅行社

① 按照相关法律和行业规定，与地接旅行社议定合作方案。

② 对地接导游提出课程实施要求。

7）交通供应方

① 飞机、火车票预订。如果需要可以与航空公司、铁路公司协商包机或预订车厢。

② 与出租汽车公司或旅游服务公司签订旅游大巴租用协议，协议中应规定按照招标公告标准提供符合要求的车辆，配备合格司机。

（5）与保障方的洽商与预研

1）保险公司

① 投保旅行责任险。

② 为所有师生和服务、保障人员投保意外伤害险。

2）派出所与医院

景区驻地派出所和医院均为按照法律规定承担保障职责的研学旅行保障方。不需要提前沟通，但要做好相关信息的搜集，比如离景区最近的派出所和医院的位置及电话信息等。

（6）课程的完善与修订

根据评标委员会和学校所给出的课程方案或研学旅行手册修订意见，结合与供应方洽商的结果，对课程方案或研学旅行手册予以修订。修订后的课程方案或研学旅行手册应提交学校进行审核，审核通过后进行印刷装订。

（7）为学校提供的行前课程

承办方可以根据学校的要求或课程实施的需要，为学校提供必要的行前课程内容，供学校在安排行前课程时选择使用。这些内容包括：

1）课程资源详述

承办方要把确定的课程资源详述提供给学校，供学校进行行前动员时使用，也可以作为学生选课的参考依据。

2）与课程主题相关的专题报告

为了更好地实施课程，让学生充分了解课程资源的特点、价值和意义，并有效激发学生的学习兴趣和选课动机，承办方可以根据学校需要主动提供必要的专题报告。报告可以选择与学习资源相关的历史、文化、科技等方面相关的专题讲座。

3）与旅行知识相关的讲座

为了更好地实施课程，可以给学校提供与旅行知识相关的专题讲座，包括旅行的准备、个人旅行的行程设计与规划、文明旅行知识、旅行的安全知识、与旅行有关的法律知识、旅行目的地的民俗知识等。

专题报告与讲座可以请相关领域的专家提供，也可以由承办方自己的专业人士提供。

80. 学校应该在行前向学生开设哪些课程？

（1）研究性学习课题研究专题讲座

让高中学生掌握课题研究的基本规范，是研学旅行课程的重要教学任务。高中学段学校应安排课题研究专题讲座，让学生在行前掌握课题研究的基本常识。初中学段学校在开设课题研究专题讲座时可以降低要求，对报告内容予以简化。小学学段不必开设课题研究专题讲座，教师在研学旅行过程中应有目的地培养学生研究的意识。

（2）旅行知识讲座

学生应该在研学旅行课程中学会如何实施旅行，学会独立自主地安排自己的旅行，为将来独自出行做好知识与能力方面的储备。旅行知识讲座应该包括以下几方面的内容：

1）个人旅行的行程规划

首先应根据自己的时间安排确定出行的时间，再根据时间确定出行的远近，然后根据自己的意愿、兴趣、目的，并结合自己的经济承受能力确定旅游的目的地。

2）如何做好旅游攻略

学生应该学会自己做旅游攻略。一般来说，可以从吃、住、行、游、购、娱六个方面对行程安排进行信息收集和分析研究。

① 吃。要研究目的地的饮食文化，了解当地的特色美食。还要研究在什么地方可以吃到正宗、实惠的特色美食。

② 住。在距离目的景点合适的范围内选择住宿酒店，上网查看酒店的住宿条件和价位，看一下住客的评价，尽量选择安全卫生、出行方便的酒店入住。

③ 行。也就是研究好交通问题，这包括两方面的交通问题：

一是前往目的地和各个目的地之间的交通方式的选择。可以比较一下不同出行方式的优缺点以及交通费用，根据自己的实际情况选择最适合自己的出行方式。二是目的地住宿酒店与景点之间的交通问题，这也是选择酒店的参考依据之一。

④ 游。也就是景点的选择，这是旅游的核心要素。可以根据自己的目的和兴趣选择旅游景点。一般来说，如果没有特别的学习或研究目标，初次到一个地方，应该选择当地最具代表性的景点或景区参观游览，这样可以对当地最典型的文化特色有一个基本的了解和体验。如果之前来过，已经比较熟悉，可以考虑选择更适合自己兴趣的，更能体现当地风土人情，具有休闲特色和文化特色的景点进行游览。

出行之前，可以找与选定的目的地和景点有关的书籍读一读，深刻了解相关的文化背景，以提高旅行的品质。

⑤ 购。提前了解当地的特色产品，根据需要适当采购。现在物流发达，一般来说各种商品在各地都能买得到，所以不必大量采购。买一点自己确实需要或喜欢的纪念品或特产，再买一点给亲友的小礼品就可以了。

⑥ 娱。根据自己的兴趣，可以适当参加或观看一些文化娱乐项目。比如迪士尼乐园、杭州宋城的大型演出、鄂尔多斯蒙古族民族文化演出等。尽量选择一些有品位的、格调高雅的文化娱乐项目。

3）旅行安全

学生在行前应该掌握基本的安全知识。包括：

① 交通安全。比如飞机、高铁、轮船、长途大巴等各类出行方式相应的交通安全注意事项。

② 景区的游览安全。自然景区的环境安全，如爬山、涉水、野生动物等相关的游览安全；营地、实践教育基地的活动安全；旅行目的地的社会安全，如社会治安、民族风情等。

③ 饮食卫生、意外伤害的应急处理常识。

④ 出境出国游的安全注意事项及紧急求助方式。

⑤ 个人财物的安全问题。

4）行前准备

① 行前物品准备。可以列出出行必备物品清单，按照清单逐件装入行李箱或办理托运。物品准备要考虑个人生活、气候条件、地理条件、交通条件、出行时间等因素。

② 票务准备。要根据出行方式提前预订机票或车、船票。

③ 证件准备。身份证、护照、驾驶证、行车证以及其他旅行需要的证件。

④ 药物准备。根据自己的健康状况准备个人日常用药和预防用药。

（3）线路文化专题讲座

根据研学旅行线路上的重要文化和历史等人文资源开发相应的文化专题讲座，让学生对即将参观学习的线路文化有更加深刻的了解，激发学生更加浓厚的学习兴趣，也为即将开始的研学旅行做"研"的知识准备。

81. 学校应在行前对研学导师进行哪些培训？应达成哪些目标？

参与研学旅行工作的学校教师和负责人均应参加研学旅行课程的专业培训。

（1）培训内容

1）课程设计与实施规范的培训

学校教师和研学旅行管理人员应熟练掌握研学旅行课程目标、课程内容、课程实施和课程评价的基础知识，掌握线路勘察和线路规划的基本方法，熟练掌握课程实施的基本规范。

2）研学旅行安全管理培训

学校应对教师和研学旅行管理人员进行研学旅行安全管理通识培训、研学旅行课程实施过程中的组织管理能力培训、研学旅行课程安全评价培训和研学旅行安全管理研究培训。

（2）培训目标

1）领队和带队教师必须明确自己的职责。一方面应该具备在研学旅行过程中指导学生学习的能力，另一方面要具备监督承办方实施课程的能力，并能够对承办方的工作和课程方案做出评价。

2）学校教师和负责人应该掌握研学旅行课程设计与开发的基本规范。一方面学校可以逐步打造自己的研学旅行课程开发的师资队伍，为实现学校研学旅行课程的特色化奠定基础；另一方面，只有掌握研学旅行课程的基本规范，才可能在课程招标和课程评价中把握正确的标准。

82. 学校在行前安排的课题研究专题讲座包括哪些内容？

课题研究专题讲座的内容应该包括：

（1）课题研究的选题

应该让学生了解选定选题的常用方法，比如从问题中生成课题，也就是常说的问题即课题。爱因斯坦曾经指出，提出问题比解决问题更重要。通过课题选题的训练可以培养学生发现问题的能力。再比如，以项目为课题，可以以某一个活动策划或制作研发项目为课题，培养学生解决问题的能力。

（2）课题研究的常用方法

对于中学生而言，应该学会最基本的研究方法，比如观察法、问卷调查法、访谈调查法、经验总结法、案例研究法等。

（3）课题研究的预期目标

要让学生学会制订并简练、规范地陈述研究目标。

（4）课题研究的内容

要教给学生确定课题研究内容的维度，要让学生学会课题可以分为哪几个方面的问题进行研究。

（5）课题研究计划

要让学生知道什么是研究计划，学会制订研究计划。一般来说，根据研究计划可以把整个计划的研究过程分成不同阶段，并明确每一段的时间节点和研究任务。

（6）课题研究过程

要教会学生在研究过程中应该如何应用所选取的研究方法完成预定的研究任务。学生要学会如何进行数据和信息的记录，如何对数据及获取的信息进行分析处理，从而得出研究结果或结论。

（7）课题研究成果

专题讲座应该教给学生研究成果一般有哪些类型，如何陈述和表达研究成果。

（8）研究报告的撰写

专题讲座应该教给学生研究报告撰写的规范，给出研究报告的结构范式。可以给学生提供研究报告的示范案例。

83. 学校给学生家长提供的行前课程应包括哪些内容？

学校向家长开设的课程应主要包括以下内容：

（1）研学旅行课程实施的政策背景及对学生的重要意义

要重点讲解国家关于研学旅行的相关政策、研学旅行与观光旅游的区别、研学旅行的教育价值等内容。还要特别向学生家长讲清楚研学旅行课程对学生在高等院校招生时所起的重要作用，这往往是学生家长更关心的问题。

（2）通报研学旅行课程招标的情况

学校要把研学旅行课程招标工作向学生家长通报，这是校务公开的基本要求，也是取得学生家长信任与配合的重要措施。

通报内容应包括招标公告的基本要求、招标流程、招标纪律、招标监督、招标结果等。如果招标过程有国家公证人员公证，应公布公证证明文件，如果招标过程监督员由家长代表担任，可以由担任监督员的学生家长作监督情况说明。

（3）选课指导

给学生做选课指导的内容也同样要向学生家长讲清楚，以便于学生家长与学生对选课意向达成一致。

（4）课程实施中的问题及解决机制

研学旅行作为委托承办方实施的校外课程，存在难以避免的意外情况，在课程实施过程中，对于承办方的工作尽管有协议约束，有带队教师监督，但毕竟存在出现意外情况的可能。在面向家长的动员课程中应该对可能出现、难以避免的问题做出预估，并给出意外情况的解决机制，以减少在课程实施中出现不必要的纠纷。

84. 需要学生和家长配合完成哪些准备工作？

为顺利完成研学旅行课程学习任务，学生和家长在行前应该做好以下准备工作：

（1）学生和家长要了解学校研学旅行课程方案，研究学校发布的课程信息，根据学生兴趣和家庭实际情况，在学校提供的线路课程中选择适合自己的研学线路。

（2）学生和家长要认真研究相关要求，按照学校提供的信息完成报名和缴费工作。

（3）学生和家长一起做好研学攻略，提前通过上网查阅资料或者预习研学手册，对研学地点的自然特征、人文背景进行研究，做好课程实施的知识储备。

（4）学生和家长在行前要准备好行李物品，根据研学旅行物品清单逐项检查，特别是要根据学生自身的情况准备必要的药品以及衣服、洗漱用品等生活用品，准备好身份证、学生证等证件，研学旅行手册、必备文具等学习必需品，以及手机、相机等通讯和摄影摄像器材。

85. 承办方研学团队应该在行前接受哪些培训？

项目组长负责组织对研学旅行团队进行培训，培训内容包括：

（1）团队成员的岗位责任。每位成员应熟悉自己的岗位职责，并能够相互配合，团结协作。

（2）线路课程方案培训。每位成员都要熟悉课程方案的内容，尤其是研学导师，必须对研学旅行手册的内容做到非常熟悉，要能够达到可以独立实施教学的标准。每位成员，特别是安全员应熟练掌握安全应急预案、安全防范措施、安全注意事项的相关规定。要既能够进行安全事务处置，也能够对学生进行安全教育。

（3）约请研学课程专家对项目组成员进行研学旅行课程的专题培训，让其系统学习研学旅行课程设计与实施的相关知识和技能。

86. 为什么要举行开营仪式?

开营仪式的重要意义

（1）通过开营仪式，让学生认识研学旅行的重要意义，深刻理解即将学习的课程内容的价值。

（2）通过开营仪式，明确研学旅行的活动纪律。

（3）通过开营仪式，让学生体验仪式感，端正对研学旅行的态度。

（4）通过开营仪式，对学生进行进一步动员，明确研学旅行的学习任务。

（5）不同学段的开营仪式，教学目的的重点有所区别，小学、初中更侧重于仪式感的营造，让学生通过对仪式所营造的氛围的体验，感受研学旅行的重要意义。高中则更加侧重于通过开营仪式，引发学生对研学旅行重要价值的理性思考。

87. 开营仪式通常有哪些组织形式?

开营仪式的组织者可以是主办方，即学校，也可以是承办方。

如果由学校组织开营仪式，则开营仪式的地点一般在学校。可以组织所有线路的全体学生集体开营，然后分别开启行程。如果所有学生同批实施同一线路课程，也可以在研学旅行的第一目的地组织开营仪式。

如果由承办方组织开营仪式，则一般在线路的第一目的地，在抵达的当天举办开营仪式。

88. 开营仪式的一般流程是什么？

（1）学校组织的开营仪式

1）主持人宣布仪式开始。主持人通常由分管研学旅行工作的副校长或部门负责人担任。

2）介绍参加开营仪式的领导和嘉宾。一般包括学校领导、承办方领导、学生家长代表以及其他邀请到的重要嘉宾。

3）学校领导作动员讲话。

4）承办方领导讲话。

5）研学导师代表讲话。

6）学生家长代表讲话。

7）学生代表发言。

8）宣读研学旅行纪律或文明旅行公约（或倡议）。

9）授旗。

10）开营仪式结束。

（2）由承办方组织的开营仪式

由承办方组织的开营仪式一般会安排在研学旅行的第一目的地举行，在形式上可以不像学校组织的开营仪式那么严肃，可以更加体现组织者与学生的交互性。

1）主持人宣布开营仪式开始。

2）主持人介绍受邀参加开营仪式的第一目的地营地的负责人以及研学导师团队成员。

3）项目组长介绍本线路课程的基本情况，激发学生的学习期待。

4）学校领队讲话，宣布研学旅行纪律，对学生提出希望和要求。

5）学生进行自我介绍以及自己的研学规划交流。学生人数较多时可以以小组为单位交流。

6）主持人可以适当组织学生表演即兴节目或预先准备的节目以增进师生之间的感情。也可以穿插安排小游戏，以烘托气氛。

7）主持人宣布研学旅行课程正式开始，项目组长宣读第一单元的学习要求和注意事项。

8）主持人宣布开营仪式结束。

89. 课程实施过程中研学导师团队的每日常规工作有哪些？

（1）叫醒与早餐

1）按照与酒店的约定，酒店服务人员应负责叫醒。项目组长应在规定的时间与叫醒人员对接，落实叫醒情况，对于没有回应的房间，立即安排研学导师或带队教师前往房间检查情况。

2）检查餐厅就餐准备工作。

3）组织师生有序就餐。

4）落实车辆按时到达酒店门口等候出发。

（2）出发前往景点参观学习

1）集合。如果参观学习完毕后还需要返回酒店，则提醒学生携带必要物品即可；如果不再返回酒店，则应组织学生有序退房，确认没有物品遗忘。

2）组织学生上车，检查清点人数。

3）出发。行车途中研学导师介绍即将学习的资源概况，讲解学习注意事项。

4）若离景点较近，徒步前往景点，则前后都必须有研学导师或带队教师。一般安排项目组长或承办方研学导师在队伍前后各一人，前方导师执导游旗领路，后方导师执导游旗负责断后，确保无学生脱队掉队。学校带队教师前后呼应，至少有一名教师和后方导师一起在队尾组织。

（3）参观学习

1）根据课程方案实施教学。

2）自然学习资源以游览方式学习，通常由承办方研学导师或地接导游负责课程实施。研学导师和地接导游在课程实施时务必与研学手册中的学习任务相结合，切实落实课程目标。

3）场馆、营地类学习资源一般由场馆、营地的讲解员或教练员实施课程。此时研学导师应作为讲解员或教练员课程实施的辅助和补充，帮助学生落实教学内容。

4）在课程实施过程中研学导师和带队教师要负责组织好学生，维护好学习秩序，引导学生文明参观，有效学习。

5）一个景点参观结束后，立即清点人数，组织进行下一个学习环节。

（4）午餐

1）在学生参观学习过程中，项目组长要落实就餐准备工作，确保师生参观结束后按时就餐。

2）安排人员采购和准备下一行程必备的物品，如水、食品等。

3）到就餐地点后组织学生有序就餐，提醒学生避免浪费。

4）如回到原住宿酒店，则可以根据下一阶段的行程时间安排，安排学生适当休息。如果不返回酒店，而是赶赴下一景点，则应安排学生在车上休息。

（5）晚修与就寝

1）晚修

晚饭后要组织学生完成课程作业。课程作业可以独立完成，也可以通过小组交流讨论完成。建议采取小组交流的方式完成。学生可以以小组为单位，先对一天的学习进行交流，研讨学习过程中的疑问，交流各自的学习感悟和收获，然后共同完成作业。

2）就寝

晚修结束后学生各自回到自己的房间，研学导师团队分工查房，同时收取当天作业，禁止学生再出房间，研学导师和安全员安排轮流值班，确保学生安全。

（6）成果整理与展示汇报

1）研学导师负责在课程实施、就餐、晚修等各个环节拍照，及时在家长群里发布信息，让家长可以及时掌握学生的旅行和学习状况。

2）项目组长和学校领队分别向各自单位的领导汇报一日情况，报平安。

3）学校带队教师对学生和承办方的工作进行一日评价，并做好相关记录。

（7）研学导师团队例会

1）项目组长召集研学导师团队例会，对一天的课程实施情况进行总结，对学生的表现进行分析，对发现的问题研究解决办法。学校领队对研学课程的一日实施情况进行评价并提出建议。

2）研究第二天的课程实施工作。对需要调度的问题做好预研，对可能出现的问题做好应对预案。

90. 课程实施过程中承办方的项目组长必须进行调度和协调的工作有哪些？

项目组长负责全面调度与协调课程的实施，每天都要把第二天的工作调度安排完毕。即使是应该由地接导游完成的工作任务，项目组长也必须亲自核实工作的落实情况，确保行程的顺利有序和教学效果的有效落实。

项目组长必须进行调度协调的工作主要包括以下几个方面：

（1）交通

1）如果需要乘坐飞机和火车，必须提前了解并随时关注天气情况和航班、车次信息，提前算好到机场车站需要的时间，并留出堵车可能延误的时间。

2）对于前往机场、车站的接驳车或前往下一景点的大巴车，要与司机定好出发时间和车辆的泊车地点。要考虑出发地点的环境状况，如果是在酒店门前的路边，要考虑门前是否允许停车，以便提前组织学生到指定泊车处候车。接驳车或大巴车到达后，要留意和观察司机的状况，如有疲劳或饮酒状况，应果断处置。

3）提前通过地接导游了解所经路线的交通状况和路况信息，针对可能出现的交通事故或修路、自然灾害造成的交通阻断，要提前规划绕行线路。

4）安排安全员坐在车辆前排，随时观察路况信息，并留意司机状况。如司机出现疲劳或连续行车超过两小时，应提醒司机进服务区或可以临时停车的安全地点停车休息。

5）如发现司机表现出异常状态，应及时安排停车，迅速查明情况，及时果断地采取措施，必要时要求供应方更换司机或车辆。

（2）天气

1）项目组长必须按时收听天气预报，随时关注天气变化。如天气预报有灾害性天气状况，要及时启动应急预案，不可冒险出行。

2）要根据天气状况提前通知师生准备好衣物和雨伞以及防晒、防冻、防滑等必备物品。

3）提前了解并随时关注天气情况导致的路况变化信息，做好应急准备。

（3）食宿

1）食宿方案

项目组长要和研学团队一起制订食宿方案。

住宿地点通常已在行前预订，行程中主要是要提前调度酒店做好接待准备。首先要落实好预订的房间数量，所有房间必须在团队到达前做好房间内务准备，团队到达后即可入住。然后确定登记入住方式，是集体登记分发房卡，还是必须逐个登记依次入住。根据酒店登记入住方式确定是否需要提前集体收齐相关证件。

制订饮食方案要考虑当地的饮食文化，应根据安全、营养、多样、经济、实惠的要求制订就餐方案。

2）食宿地点

提前确定就餐地点和入住地点，早餐一般安排在入住酒店，但午餐和晚餐一般可以与住宿酒店分开。项目组长要提前做好规划和调度，确保时间的有效利用。

3）食宿标准

食宿标准要按照招标协议的承诺执行，项目组长要与食宿供应方充分沟通落实，确保标准执行到位。

4）就餐形式

根据就餐环境和就餐时间提前确定是采用自助餐还是桌餐。如果是桌餐要确定好每桌的人数，提前分好小组，分组时注意男女生搭配，确保有序用餐，提高用餐效率。

5）住宿管理

根据研学导师团队成员的职责和实际需要，对学生的晚间安全管理进行分工协调，确定好每位老师负责的房间，安排好查房时间，统计查房结果，处理出现的问题。做好晚间值班安排，确保学生不离开酒店，不串房间。

（4）教学工作调度

1）景点预约

对于需要预约参观的景点或场馆，项目组长负责在规定时间内完成参观预约，并提前了解参观注意事项，特别是证件要求和各类禁止性要求。

2）设施准备

对于需要活动体验的场馆或营地，提前与景点或场馆确定好相关设施、器材和工具的安全性和数量，要求对方做好设施的安全检查和器材、工具的准备。

3）与接待人员对接

与景点、场馆或营地接待人员提前联系好车辆到达的时间和泊车地点，了解本单元活动安排的落实情况。

4）与讲解或授课人员对接

与讲解员或教练员对接，对于课程中的重点教学内容提前沟通，以便在讲解或训练过程中突出重点，确保教学效果。

如果安排讲座、报告或其他授课内容，可以与授课人沟通，提前了解讲座或授课人的基本信息和授课内容，让学生做好相关准备。

5）活动设计

项目组长要提前做好各时段的活动设计。比如在长途乘车过程中、在参观旅行的休息时间安排学生开展一些互动交流活动，以加深团队成员的相互了解。

（5）时间管理

1）时间规划

项目组长要负责做好时间规划，在行前课程线路规划的基础上，进一步优化、细化时间安排，要具体到每一个集合分散时间，具体规划好在行进过程中的时间、在景点的活动参观时间、就餐时间、休息时间等，要做好每一项活动的时间衔接。对于行车时间，一定要结合天气和路况准备好时间余量。

2）时间执行

在具体执行中要随时掌握活动进度。根据活动进度随时调节互动时间，聚拢人员，防止因一个人的散漫影响活动行程的情况发生。

要督促研学导师和带队教师管理好学生，要明确队前和队尾的负责人员。每一个景点参观结束后都要安排各组清点人数，对没有按时到达指定地点的成员要迅速电话联络。

（6）偶发或意外情况

1）疾病及意外伤害

学生生病或发生意外伤害情况时，应安排随队医生和一名研学导师或学校带队教师陪同前往医院就医，一般情况下项目组长不要脱离研学团队。

2）证件遗失

如有学生遗失证件，首先应根据可能遗失的地点联系相关方面协助查找。如找不到，项目组长要负责协助办理临时身份证明，并在需要凭身份证件购票和证件查验时协助处理。

为防止学生遗失证件，便于集体购票等工作，也可以将学生的身份证件收起来由项目组长或指定的研学导师统一保管。

3）应急预案启动

如遇重大突发性事件，项目组长应视情况迅速决定是否启动应急预案。如符合启动应急预案的响应条件，应立即启动应急预案，并指挥研学导师团队的成员按照预定工作流程组织学生行动，确保师生安全，将损失降到最低限度。

（7）联络与汇报

1）每日汇报与即时汇报

正常情况下每天都要负责向后方负责人汇报一天的行程情况。重要情况要即时向后方负责人汇报请示。紧急情况来不及请示的，先行处理后即时汇报。

2）行进中联络

在课程实施的过程中，要确保队前队尾保持联络，对前方、后方出现的情况要及时沟通协调。

3）前后批次的联络

如果分批次出行，项目组长一般要跟随第一批次团队出行。项目组长要负责将第一批次行程中发现的、需要下一批次注意的问题及时进行通报。与供应方预先协调下一批次的接待工作，协助下一批次处理需要提前解决的问题。如有学生将物品遗失在供应方，可以安排下一批次的研学导师代领代管，旅行结束返回学校时交还给学生。

（8）每日工作例会

项目组长负责召集每日例会，总结当天的工作，调度第二天的工作安排。如果存在学生违纪情况，在每日例会上要针对学生的情况研究处理意见。

91. 课程实施过程中主办方领队应该履行哪些职责？

（1）与项目组长的工作协调

学校领队要与项目组长配合工作，相互协调。学校领队代表学校监督研学旅行课程的实施，对课程实施过程中的问题提出建议，对违反招标协议的情况予以纠正。

（2）对带队教师的工作指导

学校领队要对学校带队教师的工作进行指导，指导带队教师与承办方研学导师一起组织和管理学生，特别是对于学生的组织纪律、思想教育、行为培养等方面的工作，要主动承担起教育管理的责任，不能全部推给承办方。对于学生不服从承办方研学导师管理的情况，学校带队教师应及时协助承办方处理。学校领队应在必要时协助处理。

（3）对学生情况的掌握

学校领队要全面掌握学生情况，要随时了解学生对本次课程实施的信息反馈，了解学生在课程实施中的总体表现。可以在每天的行车途中对前一天学生的表现情况进行点评，点评应以鼓励为主，对学生中的好人好事要进行表扬，对普遍存在或应该引起注意的问题进行通报提示。

（4）对课程实施的评价

学校领队要及时通过学生和带队教师反馈的信息，结合自己观察的情况，对承办方的课程实施工作做出评价。

（5）联络与汇报

学校领队的联络汇报工作与项目组长的联络汇报任务内容相似，只是联络的对象为学校的带队教师，汇报的对象为学校分管领导。

（6）应急预案的启动

对于研学旅行过程中突发的重大事项，必须及时向学校领导汇报，如认为有必要启动后方应急预案，必须向学校领导申明应急响应条件，以便学校采取行动。

92. 课程实施过程中研学导师应该履行哪些职责？

（1）教学内容的落实

承办方研学导师和学校带队教师相互配合完成课程实施。以承办方研学导师为主，学校带队教师辅助落实教学任务。

（2）学生组织与管理

研学导师在讲授教学内容时，学校带队教师负责组织学生，保障教学秩序。地接导游、景点或场馆营地讲解员、教练员实施教学时，研学导师和带队教师共同组织学生，保障教学秩序。

（3）紧急情况的处置

如在课程实施过程中遇到紧急情况，离情况发生地点最近的研学导师或带队教师即为第一责任人，应迅速采取相应措施进行处理，并向项目组长和学校领队汇报情况。

93. 课程实施过程中学生应遵守哪些原则？

（1）安全第一原则

学生在研学旅行过程中要始终把安全放在第一位，必须切实按照研学旅行手册中安全注意事项的要求约束自己的行为，确保人身安全和财物安全。在研学旅行中必须服从教师团队的安全管理，紧急情况下按照研学导师和安全员的指挥行动。

（2）实践探究原则

研学旅行是研究性学习和旅行体验相结合的一项教育活动，通过开展各种实景体验和实践探究活动提升学生自身综合素质。所以学生要充分做到知与行、动手与动脑、书本知识和生活经验的结合和统一。

（3）团队合作原则

研学旅行是学校统一组织的通过集体旅行、集中食宿的方式开展的研究性学习和旅行体验相结合的校外教育活动。集体生活和学习是研学旅行的重要特征，所以研学旅行是培养学生交流沟通、相互合作能力以及集体意识、团队意识和规则意识的良好载体，在课程实施过程中要突出对学生合作能力的培养。

94. 按照群体结构特征，研学旅行课程可分为哪几种学习组织形式？

根据群体结构特征研学旅行课程的学习组织形式一般分为分组集体学习、小组合作学习和个人体验学习三种方式。

（1）分组集体学习

分组集体学习是指将研学旅行团队分成几个大组进行集体参观学习的组织方式。其特点是组内各成员之间没有形成小组结构，虽然集体行动，但组内并没有任务分工和相互合作，成员之间在集体行动中的学习相对独立，只具有自发的相互交流，或没有交流。

（2）小组合作学习

小组合作学习不同于分组集体学习，学习小组有明确的共同的学习任务，小组内部成员之间有分工协作关系，从而形成了一定的组织结构。小组成员既要按照分工独立完成学习任务，也要将自己的学习结果与其他成员的学习结果共享整合，在共同分析研讨的基础上，提炼出学习成果，完成小组的学习研究任务。

（3）个人体验学习

学习活动以个人体验为主，学习过程独立完成，学习结果独立呈现。

95. 根据学习内容和活动方式，研学旅行课程分哪几种学习组织形式？

根据学习内容和活动方式，研学旅行的学习组织形式一般可以分为以下几种：

（1）参观游览

这是在研学旅行课程实施中采用最多的一种学习方式，适用于多数课程类型的学习。在游览参观过程中学生通过观察、思考、体验、感悟，获取知识、丰富情感、加深理解、形成态度。参观游览的学习组织形式通常为分组集体学习或个人体验。在参观游览活动中，虽然一般是学生集体跟随导游或讲解员一起学习，但每个人的学习以个人观察体验为主。

（2）调查研究

调查研究是研学旅行课题研究的主要学习方式，它注重学生运用实地观察、访谈、文献资料分析等方法，获取材料，培养理性思维、批判质疑和勇于探究的精神。调查研究的关键要素包括：发现并提出问题；提出假设，选择方法；获取证据；提出解释或观念；交流、评价探究成果；反思和改进。鉴于调查研究的严谨性和任务的复杂性，通常会以小组合作为主要学习组织形式。

（3）拓展训练

在一些实践基地、夏令营营地或团队拓展基地等资源的学习课程中，经常会进行拓展训练。在这些活动中通常采用团队合作与个体体验相结合的学习方式。有的技能训练需要个体独立完成，而更多的拓展训练项目需要团队合作完成。通过拓展训练，可以增进团队成员之间的了解，拉近感情，提高成员的交流合作能力。

（4）手工制作

手工制作是文化类和科技类课程的常用学习组织形式，是学生在学习某种工艺技术或者文化产品知识后，通过动手制作进行工艺体验的学习方式。比如在参观民俗博物馆时动手学习绣品制作，动手练习剪纸，制作泥塑等；在参观科技馆时亲自动手操作实验器材完成科学实验，学习车床冲床和切削工艺，动手制作零件或工艺品器件等。

（5）讲座论坛

通过集体听取专题讲座、专家报告等学习某一方面的专业或文化知识。通过参加论坛活动参与互动学习交流。

（6）团队游戏

通过团队成员一起做游戏的方式进行情感交流、协作配合，培养学生的团队意识。

（7）演艺表演

包括欣赏表演和参与活动两种方式。在学习具有地方代表性的专业文化时，例如地方戏剧、地方民俗表演等，通常以观看演出的方式学习。但有些演艺活动可以安排学习者一起参与表演，例如传统文化表演、传统文化或历史故事情景剧表演、经典诵读活动等。

96. 研学旅行学习成果包括哪些类型？

（1）外显的成果

在研学旅行过程中收获的外显的成果形式很多，主要有：

1）文本成果

包括研究性学习报告、随笔、散文、游记以及完成的模块作业等。在课程实施的过程中，教师可以指导学生积累文本成果所需要的素材。文本成果有的可以在课程实施过程中完成，如随笔、散文等；有的需要在课程结束后回到学校完成，如研究报告。

2）影像成果

包括在研学旅行过程中拍摄的照片、视频等资料。研学导师可以协助选择经典风景、标志性人文信息，指导学生拍摄照片和视频资料。

3）制作成果

包括在研学旅行过程中参加手工活动时制作的手工艺品、采集的标本、采购及收集的有代表性的纪念品等。研学导师可以给学生提供采集和采购方面的建议，并给以成果筛选和成果保存的相关指导，但不得组织学生集体采购。

（2）内化的成果

研学旅行课程更为重要的价值在于学生在研学旅行过程中取得的内化成果。主要包括：

1）知识成果

在研学旅行中学生通过听讲、识记、观察、探究等自主学习活动获得知识，拓展知识边界，丰富知识内涵，优化知识结构。

2）能力成果

指学生在观察、探究、分析、应用等研究过程中所形成的分析问题、解决问题的能力，思考问题的逻辑思维能力，科学研究的基本素养等。

3）态度成果

指学生在研学旅行过程中，在真实的情境中，经过体验感受所获得的态度、倾向和价值观的变化。

4）行为成果

指学生文明行为的改善和提升，文明习惯的养成和自觉。

内化的成果可以通过在教学过程中指导学生参与体验逐步达成。教师可以通过学生参与活动过程中的行为表现检测学习成果的达成情况，并为学生评价提供信息。

97. 学校行后课程组织与实施的一般工作流程是什么？

学校主管部门应及时制订行后课程的相关方案。行后课程方案主要包括课程成果汇报交流、成果展示评比与表彰、评价结果的认定与使用等内容。行后课程的组织与实施工作流程如下：

（1）成立行后课程工作指导小组。

指导小组成员应包括研学旅行工作分管领导、研学旅行工作责任部门负责人、年级主任等。一般由学校分管领导任指导小组组长。

组建相应的工作小组，如成果汇报交流工作小组、成果展示评比小组、成果评价与认定工作小组等。

（2）研制行后课程实施方案，确定行后课程的主要内容、实施形式、实施平台与组织方法。

（3）各工作小组研制工作细则。

（4）分别召开研学导师工作会、班主任会和学生会，发布行后课程工作方案，布置相关的准备工作。

（5）研学导师指导学生完成各类研学成果，并做好汇报交流及展示评比准备工作。

（6）完成方案涉及的展示平台和必备用品的准备工作。

（7）研学导师对成果材料进行指导和审查，提交成果材料。

（8）需要汇报的成果在班内汇报交流，并推选出代表班级的优秀成果，向学校提交材料。不需要交流汇报的成果，按照方案规定先在班内展示或直接提交学校展示与评比工作小组。

（9）各工作小组对各班提交的成果作品进行分类整理并编序建档，制作供展评工作使用的分组目录和评价用表。

（10）展示类成果布展。包括在展厅或其他区域的实物展示，以及网络平台的成果展示。

（11）汇报交流类成果举办汇报会，评委进行评审，给出评审结果。展示类成果评比可以通过评委评审和观众投票相结合的方式给出评审结果。

（12）根据成果评价结果和学生在研学旅行过程中的过程性评价结果，评出研学旅行优秀学生。

（13）对获奖成果和研学旅行优秀学生进行表彰。

（14）年级组织班主任和研学导师进行研学成果认定，填写学生综合素质评价报告。

（15）教务部门进行学分认定。

98. 研学旅行课程实施过程结束后学生需要对哪些学习成果进行加工？

研学旅行课程成果加工主要是指外显的学习成果的加工。一般要求学生在研学旅行活动结束后的一周内完成，时间不宜拖得太久。

（1）文本类成果要完成文本撰写

1）成果主件

高中学段：研学导师指导学生按时完成研学旅行课题研究报告。课题研究报告是研学旅行学习成果的主件，是每个学生必须完成的任务。研学导师要从报告的规范性、科学性、创新性、逻辑性等方面指导学生撰写研究报告。

研究报告的规范性是指其结构规范，内容表达符合课题研究报告的一般范式，报告内容完整。研究报告的科学性是指数据信息等论据材料准确，论证严密，结论和依据具有可靠的相关性和因果关系。研究方法选择适当，应用规范。研究报告的创新性是指课题选题新颖，研究成果或结论具有创新性。研究报告的逻辑性是指课题研究计划有条理，过程严密，思路清晰，语言表达准确流畅。

以上对于研究性学习报告的指导要求也是对报告进行评价的主要指标。

初中学段：学生可以以研究报告作为成果主件，但要求相应降低，也可以以研学旅行活动总结作为成果主件。

小学学段：学生可以以与研学旅行活动相关的作文作为成果主件。

为了配合成果主件的汇报交流，还应作出与成果主件配套的演示课件。

2）其他文本类成果如随笔、散文、游记等也鼓励学生参与撰写，并在成果展示时设置相应的展示类别。研学导师应对学生的成果及作品的修改和完善进行指导。

（2）影像类成果完成后期的编辑加工

研学导师要指导学生把研学旅行过程中拍摄的照片、视频等资料进行编辑和加工，选出有代表性的照片，编辑具有典型性的视频资料，准备交流展示。

（3）制作类成果完成标签说明

研学导师指导学生对在研学旅行过程中制作的手工艺品、采集的标本、采购及收集的有代表性的纪念品等进行筛选，选出有代表性的成果，配上文字说明，制成标签，准备展示交流。

99. 学校应如何制订学习成果汇报与评选方案？

（1）成果汇报交流

成果汇报分两类，一是课题研究成果汇报交流，二是其他学习成果汇报交流。初中和小学可以不举行课题研究成果汇报，只举办学习成果汇报交流就可以。

1）课题研究成果汇报交流

首先，完成课题研究报告后学生应将其交给研学指导老师进行批改，并根据老师提出的修改意见进行修改完善；然后，以小组为单位进行课题成果交流，经小组评议，推选出能够代表小组的研究报告；在此基础上，班级举办优秀课题成果交流汇报会。这样既可以节约时间，提高效率，也能够让学生参与到课题评价当中，达到相互交流、相互学习的目的。

在完成课题研究成果交流的基础上，各班推选出优秀成果参加学校的成果展示，学校也可以遴选优秀成果结集成册，印制或出版《学生研学旅行优秀课题成果集》。

2）其他学习成果汇报交流

其他学习成果是指除研究报告以外的其他所有学习成果。学生可以交流汇报研学旅行中自己认为有意义的所有学习收获，既包括各类文本成果、影像成果、制作成果等外显的学习成果，也包括对研学途中自己所见所得的反思与感悟、个人思想与能力的提高等内化的学习成果。班内也可以结合学校的成果展示方案，利用教室的墙壁空间或建立网上学习交流平台，对成果进行分类展示，并进行优秀成果分类推选，为参加学校的展示做准备。

（2）学校的成果展示

学校可以按照不同的成果类型，分类设立展示项目。在各班交流推选的基础上，举办研学旅行课程成果展。展示方式可以灵活多样，既可以通过展厅、展台、展板等传统展示方式，也可以拓宽展示渠道，通过微信、美篇、微博空间、视频网站等新媒体平台，让学生参与评价，既能够发扬民主，也能让学生在评选和评价的过程中进一步相互学习。通过对学生的各类学习成果进行展示和评比，让成果和经验共享，起到对学生的启发和激励作用。

（3）学习成果的评价与认定

在各类评比展示结束后，结合评比展示的结果，指导教师对学生研学旅行的学习成果给出评价。高中学校根据有关规定把学生的学习成果记入《学生综合素质评价报告》，并给予学分认定。初中和小学根据学校的相关规定，对学生的学习结果进行成绩认定与表彰。

100. 研学旅行课程结束后，承办方应该从哪些方面进行工作总结？

研学旅行课程结束后，承办方也要对课程承接与实施的全过程进行工作总结，提炼工作经验，反思工作失误，以促进以后工作的改进和提高。

（1）招投标工作总结

1）对比分析中标的课程方案和落标的课程方案，分析课程方案的差异，研究优秀课程方案的特点。

2）研究开标时公布的各投标方的投标信息，探索制订合理的投标报价核算方案，总结容易中标且能保证合理利润空间的报价规律。

3）分析学校在评标时所看重的主要招标要求，并总结如何制订符合招标要求的投标方案。

4）总结在评标过程中答辩和应询的相关经验和教训。

5）总结投标文件的制作规范。

（2）课程设计总结

1）针对课程实施过程中发现的问题，结合主办方的课程评价结果，对课程设计方案进行课后分析，找出课程设计的优点和不足，对课程设计方案或研学手册进行修订。

2）对照课程设计要素的基本要求，从课程目标、课程内容、课程实施、课程评价以及课程保障方案等方面全面分析，对课程进行修订。

3）对照课程开发的一般流程，分析每一个研发环节工作的落实情况，查找疏漏，弥补缺失，对课程进行修订。

4）总结经验，制订或修订课程开发的相关制度规范。

5）如果是委托第三方所做的课程开发，应依据以上几个方面的分析，对第三方的课程设计情况给出评价，以确定以后是否继续保持合作关系。

（3）课程实施总结

1）课程准备情况总结

① 线路勘察总结。针对课程实施过程中所发现的问题，对线路勘察时的疏漏进行总结。主要对照线路勘察的基本内容，确认出现的问题对应于线路勘察的哪一个环节，以便在今后进行线路勘察时引起注意，避免失误。

② 结合与各供应方在合作中出现的问题，总结在与供应方洽谈业务时应该注意的问题，总结哪些要求必须在与供应方的协议中得以体现。

③ 总结与主办方的行前沟通协调机制哪些地方可以进一步优化。

④ 结合主办方的反馈信息，对为主办方提供的行前课程资料和专题讲座进行优化和完善。

2）课程实施情况总结

① 课程计划的执行情况。课程项目组应该对课程计划执行过程中遇到的问题和困难进行总结，要分析执行中问题出现的原因，确定是课程计划制订得不够合理还是课程实施水平需要进一步提高，或者是客观条件发生变化导致了问题的发生，从而有针对性地对课程计划进行修订或者在对研学导师培训时强化相关的培训内容。

② 研学团队成员履行教学与学生管理职责的情况。项目组各成员都要对自己的工作进行总结，分析在课程实施过程中各自工作的成功经验和存在的不足，以改进自己的工作，并为同事提供借鉴。

③ 对安全注意事项、安全保障措施和应急预案的实施情况进行总结，结合实际实施情况对相关措施的针对性和可操作性进行检视和修正。

④ 对各单元的教学组织方法进行总结，结合实际的实施效果对学生的学习方式和活动方式进行完善或创新。

⑤ 结合教学评价情况，对课程评价体系进行优化和调整，使评价指标体系更加科学合理，对评价量表进一步修订，使之更具有可操作性。

（4）对供应方的评价

课程结束后项目组要对各供应方的工作情况进行评价。评价结果一方面可以作为终止合作协议的参考条件，另一方面也是后期是否继续进行合作的决策依据。

1）对地接工作情况的评价

① 根据地接旅行社对线路上各种资源的调度情况，对地接旅行社的资源调度能力做出评价。

② 根据地接研学辅导员（地接导游）的工作情况，从其对旅游资源的掌握情况、对研学旅行课程教学规范的理解和运用程度、对学生的组织管理能力、对突发性事件的处置能力等方面对其做出评价。

2）对景点、场馆及营地的评价

① 对景点、场馆和营地资源的旅游和教育价值进行评价。

② 对景点、场馆和营地的安全管理做出评价。

③ 对景点、场馆和营地的讲解员、教练员的业务素质做出评价。

3）酒店（饭店）

① 对酒店（饭店）的卫生安全状况做出评价。

② 对就餐与住宿环境进行评价，看实际情况是否符合预订标准。

③ 学生及教师对食宿情况的反馈信息是否符合预期。

4）对交通情况的评价

① 根据课程实施的效果，分析交通工具的选择是否合理。

② 对交通工具的安全性和舒适性做出评价。

③ 对交通工具司乘人员的工作情况做出评价。

5）保险公司

如果在课程实施过程中发生了保险合同范围内的险情，应该对保险公司在风险理赔过程中的表现做出评价。

附录

1. 研学旅行手册样例

行走 威海
高中版
山东海洋文化之旅

学校：_____

班级：_____

姓名：_____

学号：_____

课程简介 》

中国自古就缺乏海洋概念，中华文明大多数时间都是农业文明，信奉脚踏实地的理念，在地面上耕种，在地面上衣食住行，在地面上生老病死、婚丧嫁娶。当人口增长、资源匮乏、环境污染让陆地不堪重荷时，浩渺的海洋为人类的生存、发展提供了极具价值的战略空间。尤其是近代以来，随着经济全球化进程的推进，海洋愈来愈成为现代科技的"新战场"，要取得未来发展竞争新优势，必须加快向海洋进军，经略海洋。

威海市地处山东半岛最东端，三面环海，一面接陆，是一个海洋特色鲜明的城市。威海拥有近千公里的海岸线，占全省的1/3、全国的1/18；可供养殖的浅海滩涂有300万亩，海产品年产量一直在200万吨以上，连续多年居全国地级市首位，是海参、鲍鱼、对虾、海带、扇贝和名贵鱼类的重要产区；拥有岬湾30多个，适合造船的近10个；拥有17个商用港口，其中国家一类开放港口3个。

威海还是一个历史比较悠久的城市。公元1398年，为防倭寇入侵，明朝在这里设卫屯兵，取"威震海疆"之意，始称威海卫。1888年，清朝政府在刘公岛建立了中国近代第一支海军——北洋水师。1898年，威海卫与香港新界一起被英国强租，成为闻一多先生笔下的"七子"之一。1930年被国民政府收回，设威海卫特别行政区。1945年威海卫解放后根据山东省政府命令成立威海卫市，1951年改称威海市。1987年6月，经国务院批准设为地级市。现辖荣成市、乳山市、文登区、环翠区和火炬高技术产业开发区、临港经济技术开发区、进出口加工保税区、南海新区。全市总面积

5 797.74平方千米，2017年底常住总人口282.56万。

威海是一个滨海旅游城市，旅游资源丰富，名胜古迹众多，被评为全国优秀旅游城市。近千公里的海岸线上，海、滩、湾、岛、山、泉俱佳，有旅游景区（点）80多处，有5A级景区刘公岛，以及成山头、石岛赤山、乳山银滩、大乳山滨海旅游度假区、天沐温泉度假区等多家4A级景区。优美的自然风光与深厚的人文历史，共同铸就了威海这颗璀璨的滨海明珠。

课程总体目标 》》

1. 知识拓展

（1）从多角度全面感知海洋文化，学习海洋知识，了解海洋经济，增强海洋意识。

（2）结合所学习的课程内容，查阅国家海洋经济战略的相关信息，了解海洋在国家未来发展战略中的地位。

（3）收集当地气候和海洋环境信息，了解海洋气候特点、地理特点和产业特点。

2. 问题解决

（1）选择自己认为有研究价值的问题作为研学课题，在研学旅行过程中开展课题研究，在实践中学习课题研究的基本方法和基本规范，学会综合运用知识分析问题，用科学方法开展研究，增强解决实际问题的能力。能及时对研究过程及研究结果进行审视、反思并优化调整，建构基于证据的、具有说服力的解释，形成比较规范的研究报告或其他形式的研究成果。

（2）在研学旅行课程中，学会交流、合作、沟通，提高人际交往及信息表达能力。

（3）能够运用所学到的知识思考和分析当地的环境、文化及经济产业发展问题，提高学以致用的能力。

3. 价值体认

（1）通过学习、体验海洋文化和内陆文化的差异，了解齐鲁文化的多元性和统一性，增强对家乡文化的理解，提高对传统文化的认知和认同。

（2）结合海洋经济产业发展知识和国家发展战略，思考自己是否可能考虑未来职业规划会与海洋相关，思考自己的人生规划和职业规划如何与国家的发展战略相结合。

（3）海洋文化是对外交流的文化，结合所掌握的知识和信息，进一步理解我国"一带一路"倡议的重大意义，开拓国际视野，增强国家和民族自豪感。

4. 责任担当

（1）收集当地海洋生态信息，了解有关海洋环境保护和海洋产业保护的相关知识，增强海洋环境保护意识，提出关于海洋保护的见解。

（2）了解当地渔业、渔村的发展历史，增强对古村落和海草房的历史和文化价值的理解，为古村落和海草房的保护和开发提供合理化建议。

（3）深刻理解当地的红色文化和历史文化，增强文化传承的责任意识。

（4）结合国家"一带一路"倡议，思考山东半岛应如何借力"一带一路"规划未来发展蓝图。

课程规划 》

第一单元　海洋军事文化——刘公岛

第二单元　海洋红色文化——郭永怀纪念馆伟德将军碑廊

第三单元　海洋科技文化——×××海洋牧场课程实践

第四单元　海洋体育文化——××海上运动训练基地

第五单元　海洋民俗文化——海草房民俗博物馆

行程规划 》》

日期	行程安排	时间安排	课程内容
第1天	刘公岛	8点酒店门前集合，乘坐大巴车至码头，然后换乘轮渡前往刘公岛。 8点45分检票进入景区。 11点30分景区正门出口处集合。	集体参观中国甲午战争博物馆、北洋海军提督署、丁汝昌纪念馆、威海水师学堂、铁码头、炮台、博览园区，然后游览森林公园。
第2天			
第3天			
第4天			
第5天			

课程实施 》》

第一单元　海洋军事文化——刘公岛

发生在一百多年前的甲午中日战争，是几代中国人心头一道抹不去的伤痕和耻辱。在此中国输掉的不仅是一场战争，也输掉了国运，输掉了希望，输掉了本该发展图强的一个世纪。作为中国第一支近代海军——北洋海军的诞生地、甲午海战决战地和英国近半个世纪的军事租借地，刘公岛既留下了中国追赶世界的深刻足迹，也见证了中国自强梦碎的千古悲剧，承载着中

华民族最深沉的民族情感、最执着的复兴追求。历史是不能遗忘的，透过黄海海面弥漫的历史硝烟，矢志实现中华民族伟大复兴梦想的中国人，不能不从这场攸关民族命运的战争中，生发几多感慨，获得几多启悟、几多忧思、几多警示……透过刘公岛，我们看到的不应仅是过去，更多的应是未来。

一、课程实施地点　威海市刘公岛

二、课程时长　半天

三、课程相关学科　语文、历史、地理

四、课程单元目标

知识与能力：熟悉刘公岛地理位置，了解甲午海战的背景、过程和历史影响。

过程与方法：以小组为单位交流研讨甲午海战失败的原因，讨论今天的中国应从中吸取什么历史教训。

情感态度与价值观：通过学习，感受近代以来国家由于落后带来的民族耻辱感，以及当前国家崛起所带来的民族自豪感，思考我们每个人在民族复兴的历史进程中应该如何做出自己的贡献。

五、 课程实施方式　白天以小组为单位参观，晚上以小组为单位交流研讨。

六、 单元课程资源与过程性学习任务

学习资源1　刘公岛

刘公岛位于威海湾口，距市区旅游码头2.1海里，乘船20分钟可到达。它面临黄海，背接威海湾，素有"东隅屏藩""海上桃源"和"不沉的战舰"之称。

刘公岛东西长4.08千米，南北最宽1.5千米，最窄0.06千米，海岸线长14.95千米，面积3.15平方千米，最高处海拔153.5米。全岛植被茂密，郁郁葱葱，以黑松为主，多达2 700余亩。

刘公岛为温带季风气候，四季变化及季风进退明显。但由于三面环海，地形复杂，形成了明显的地区性差异。刘公岛与相同纬度的内陆地区相比，具有冬温、夏凉、春冷、秋暖及温差小、风大、雾多、雨水充沛等特征。刘公岛自然风光优美，素有"海上仙山"和"世外桃源"的美誉。岛上峰峦叠起，植物茂密，远望松涛翠柏，郁郁葱葱；近观鹿群结队，鸟语花香，森林覆盖率达85%。岛上地势北高南低，北坡海蚀崖直立陡峭，如刀削斧劈；南坡海滩绵延，水清沙洁。岛上气候宜人，是避暑、度假、疗养的理想之地。刘公岛风景区年均气温12.6℃，由于受海洋影响，夏季气温较内陆低，平均温度24℃，降水量940～1 073.7毫米。这里冬无严寒，夏无酷暑，是威海市最湿润的地区。

过程性学习任务1

观察刘公岛的地形，查看刘公岛在地图上所处的位置，想一下刘公岛为什么被称为"不沉的战舰"。

_____

_____

_____

_____

学习资源2　中国甲午战争博物馆陈列馆

中国甲午战争博物馆陈列馆是一座全面展示中日甲午战争历史的综合性展馆。该馆占地面积10 000多平方米，建筑面积8 800平方米。主体建筑由著名的建筑设计大师、中科院院士彭一刚教授设计。该建筑构思大胆，造型独特，创造性地将象征北洋海军舰船的主体建筑与巍然矗立的北洋海军将领塑像融为一体，被誉为"20世纪中华百年建筑经典"。

该馆以《国殇·甲午战争：1894—1895——甲午战争史实展》为基本陈列，共展出珍贵甲午战争历史图片650多幅，复制了大量甲午战争时期的武器装备，还原再现了多个超写实人物塑像场景，如"金州曲氏一家投井场景""李鸿章在马关谈判场景"等。该馆开辟了国内首个"黄海海战"3D影视厅，声光电与多媒体复合再现"威海卫保卫战"震撼人心的战争场面。此外，该馆还有大量反映甲午战争的巨幅油画和巨型雕塑。整个展馆分为"序厅""甲午战前的中国和日本""甲午战争""深

渊与抗争""尾厅"五个部分。该馆陈列展览由国内著名的鲁迅美术学院艺术装饰工程总公司高水准设计、制作,综合运用先进的陈列展示手段,代表了当今陈列馆展览的最高水平,融真实性、可观性、参与性、趣味性于一体,极具视觉冲击力、精神震撼力和感染力。

刘公岛不仅是中日甲午战争纪念地,还是爱国主义教育基地。

过程性学习任务2

观看完3D影片《威海卫保卫战》,你有一种什么样的心情?

_____

_____

_____

_____

学习资源3　北洋海军提督署

北洋海军提督署建于1887年,占地17 000平方米,又称"水师衙门",是北洋海军的指挥中心。当年北洋海军提督丁汝昌就在这里谋划指挥军事事宜。

北洋海军提督署系清代砖木举架结构建筑,古朴典雅,稳重大方。整

体建筑按中轴线建前、中、后三进院落,每进有中厅、东西侧厅和东西厢房。前、中、后院中厅分别为礼仪厅、议事厅、祭祀厅。各厅厢院落廊庑相接,雕梁画栋,结构严

整。院内东南角有演武厅一座，其建筑融中西风格于一体，屋宇高阔，厅内宽广，内有挑檐式舞台一座。1891年，直隶总督兼北洋大臣李鸿章到威海卫巡阅北洋海军，曾在此处观礼，并在厅前检阅舰队操演。

北洋海军提督署正面大门上方，悬挂李鸿章题"海军公所"匾额。两侧边门，分别绘有秦琼、敬德神像，描金点漆，肃穆威严。大门外东西两侧各置乐亭一座，为庆典、迎宾鸣金奏乐之所。乐亭前面，建有东西辕门，样式恰似古典牌楼。门前广场对称竖立旗杆两支，青龙军旗迎风猎猎，颇壮军威。西辕门以西20米处，建二层瞭望楼一座，登楼远眺，港内舰船活动尽收眼底。

过程性学习任务3

北洋海军提督署给你什么启示？你如何看待李鸿章的历史地位？

_____

_____

_____

_____

学习资源4 龙王庙

龙王庙是清代建筑，占地近1 700平方米。整个建筑古朴典雅，美观大方，有前后殿，东西厢房，均为举架木砖结构。正殿中间塑有龙王像，神气活现，左右站列龟丞相和巡海夜叉。两边墙壁绘有古代传说故事壁画，形象逼真。东厢房陈列两块石碑，分别题刻"柔远安迩"和"治军爱民"碑文，均为光绪十六年（公元1890年）刘公岛绅商为丁汝昌和张文宣所立。旧时，每年的农历正月初一或六月十三龙王生日这天，岛里岛外的渔民纷纷进香跪拜，祈求龙王保佑海上平安。甲午海战前，凡过往船只要在岛上停靠，皆来此拈香祈福，北洋海军也信奉龙王，一时香火旺盛。丁汝昌殉国后，其灵柩曾停放于此。后来岛上居民在庙内设其牌位，四时祭祀，所以龙王庙又名"丁公祠"。

过程性学习任务4

在海洋文化中龙王占有重要的地位，龙王庙是沿海地区分布最广的庙宇。结合此处参观得到的知识，你如何看待龙王的文化地位？

_____

_____

_____

_____

学习资源5　丁汝昌纪念馆

丁汝昌纪念馆原为丁汝昌寓所，建于1888年。北洋海军成军后，丁汝昌携家眷进居刘公岛，在此居住达六年之久。

该建筑为砖石结构，由左、中、右三套院落组成，占地约15 000平方米。西院为内寓，东院为侍从住房，中院为丁汝昌办公会客的地方。中院与东、西院有圆门相通，如今陈列着丁汝昌生前用过的部分家什、字画；院内有一株百年紫藤，是丁汝昌亲手所植，至今仍根深叶茂。大门两侧为门房，如今是介绍丁汝昌生平的展室。寓所门前，矗立着高3.8米的丁汝昌铜像一尊。东西两侧建有红柱飞檐的六棱形凉亭。

过程性学习任务5

你如何看待丁汝昌在甲午战争中的作用？

_____

_____

_____

_____

学习资源6　威海水师学堂　铁码头　炮台

威海水师学堂

威海水师学堂建于清光绪十六年（公元1890年），占地约20 000平方米，现存有东西辕门、照壁、堞墙、小戏台和马厩等，是目前国内唯一一

处有迹可循的水师学堂。当时，水师学堂总办由提督丁汝昌兼领。1889年冬，从上海、福建、广东等地招收学生36名，另有10名学生附学，共46名。1890年5月，海军学校开始授课，课程设有英文、几何、代数、驾驶、天文等，并配有敏捷、康济、威远、海镜四艘练船，供教学用。水师学堂共开办四年，毕业一届30名驾驶生。中日甲午战争后，刘公岛陷落，水师学堂也毁于战火。2004年6月，威海水师学堂修复开放。

铁码头

铁码头是北洋海军舰艇的停泊之所，由道员龚照玙主持设计建造，1891年竣工。铁码头墩桩用厚铁板钉成方柱，径四、五尺，长五、六丈，中间灌入水泥，凝结如石，直入海底，涨潮时可停靠万吨轮船。

甲午战争后，码头虽然几经维修改造，但基本维持原貌。1971年，在原来的基础上又增建了突堤"丁"字形引桥。至今仍为人民海军使用。

炮 台

刘公岛上有清代炮台6座，分别位于黄岛、麻井子、旗顶山、迎门洞、东泓、南嘴，与南北两岸炮台遥相呼应，均由德国人汉纳根设计。除炮台外，还建有与之配套的地下通道、兵舍、弹药库等，并相互贯通。炮台使用花岗岩砌筑、水泥灌浆，施工严谨，造型巧妙，坚固实用。其工程规模之浩大，结构之复杂，令人赞叹。

过程性学习任务6

结合对水师学堂、铁码头、炮台的参观学习，你认为以李鸿章为代表的北洋海军做了哪些战备工作？这些工作是否充分？

_____

_____

_____

学习资源7　博览园区

刘公岛博览园是刘公岛管委会兴建的一处融历史文化与影视科技于一体，集古典建筑与园林艺术于一身，汇甲午风云、英租历史、刘公文化、海权文化、海洋文化于一园的综合性景观，占地面积5万平方米，建筑面积1万多平方米，包括刘公文化区、民俗文化区、甲午文化区、海权文化区、英租文化区、海洋文化区六大展区，因其展示内容广博而得名博览园。

过程性学习任务7

在博览园区展示的六大文化中给你印象最深的是什么？你认为山东海洋文化的主要特征有哪些？海洋文化在齐鲁文化中有什么重要意义？

_____

_____

_____

七、 课后作业

1. 古代中国航海技术在人类社会发展中做出了哪些贡献？明清对海洋事业推行怎样的政策？对中国造成了怎样的影响？

_____

_____

_____

2. 梁启超说："唤起吾国千年之大梦，实自甲午一役始也。"甲午战争给中国带来哪些影响？

_____

_____

_____

_____

3. 当代诗人陈运和在《刘公岛》中写道："一艘永不沉没的军舰，经过滚滚的甲午战争，疾驰行进。甲板上站着中国近代史，曾一度威风凛凛，站着丁汝昌，站着邓世昌，站着中华民族不屈的精神。刘公岛，腐败社会的见证，刘公岛，一代英烈的化身。"阅读下列材料，结合你在学习过程中的感想和感悟，分析甲午战争失败的原因。

材料1　1893年，甲午战争前一年，大清总共挪用海军军费1 400万两白银，用于修建颐和园庆典工程，以致北洋海军连更换装备的钱都没有；日本明治天皇却下令每年从皇室经

费中挤出30万元作为海军补助费，各级官员从薪金中抽出1/10上交国库，用于建造军舰，并发动全民捐款，买下"吉野"号巡洋舰。明治皇太后甚至把仅有的几件首饰都捐献出来。

材料2 北洋水师和日本舰队在吨位上一直保持7 000～9 000吨的差距，日军火力是北洋水师的3～5倍。再看炮弹，北洋水师使用的天津机器局生产的炮弹多数不合格。海战中，原本每艘备弹200发的"定远"舰、"镇远"舰只有100多发备弹，战至最后弹药告竭。而炮径特殊的"平远"舰只有区区35发实心炮弹（战斗中消耗10发）。这门仅次于"定远"舰、"镇远"舰主炮的260毫米巨炮因为炮弹问题几乎没有发挥威力。战后查出北洋水师库房存储的弹药完全不符合口径，是准备退货的报废品，北洋水师是"饿着肚子去打仗的"。

北洋水师用以发射弹头的发射药，采用栗色火药，燃烧时温度过高，容易烧蚀炮膛，而且燃烧后产生的火药残渣附着在膛线上不易清除，每次发射后都需要花费很长时间来清洁炮膛。另外，黑火药燃烧时还会产生大量刺鼻的白色浓烟，发射后必须等待浓烟散尽才能重新瞄准、发射。受这些因素制约，在黄海海战时，北洋海军旧式火炮本就不快的射速更显滞涩。

日本海军速射炮的发射药采用无烟药，爆炸后不会出现弥漫的烟雾。当北洋水师炮手苦于发射后的浓烟而无法立即瞄准的时候，发射速度快很多的日本速射炮手却没有这方面的困扰。这使双方射速差距进一步拉大。

而且，日本的"吉野"等舰已经装备了早期的观瞄系统——武式测距仪。北洋水师却还在使用原始的人工测距的方式。

材料3 劣质碎煤充数，致使北洋舰队在海上冒着浓重的黑烟，过早被日舰发现而遗失战机；北洋水师的燃料煤由官办开平矿务局供应，开平矿务局所供的煤分几个等级，其中"五槽煤"质量最佳，属无烟煤，也正是军舰所应使用的煤。最差的是"八槽煤"，燃烧率低且浓烟滚滚。军舰使用这种劣质煤不仅跑不快而且还会缩短锅炉的寿命。北洋水师后期军费严重短缺，就连弹药补给都跟不上，别说是煤了。北洋水师买煤往往不是现钱且价格很低。但是同样的无烟煤卖给外商利润却要翻上几番，有了这样的利益驱使，李鸿章也无能为力，原因就是开平矿务局有他的股份。

_____

_____

_____

_____

八、 本单元学习注意事项

1.乘坐渡轮遵守秩序，不得在船上打闹。

2.注意保管好随身物品，以免遗失到海中。

3.在展馆内参观学习时要保持安静，不得喧哗。

4. 紧跟本组讲解员，认真听讲，如有疑问，可以在讲解员讲解间歇提出。

5.参观过程中要紧跟导游旗，分散游览时务必牢记集合时间和地点。

6.严禁翻越设置禁止标志的护栏和隔离带。

第二单元

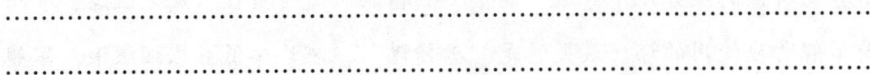

第三单元

∴∴∴∴∴∴∴∴∴∴∴∴∴∴∴∴∴∴∴∴∴∴∴∴∴∴∴∴∴∴∴∴∴∴

∴∴∴∴∴∴∴∴∴∴∴∴∴∴∴∴∴∴∴∴∴∴∴∴∴∴∴∴∴∴∴∴∴∴

评价方案 》》

1. 过程性评价

过程性评价分为学生评价和教师评价两部分，学生评价表置于研学手册本单元内，教师评价表由随队导师保管。

过程性评价表（略，参见第115页评价量表示例）

教师评价表格

学号	姓名	时间	事项	处理方式	结果反馈

2. 成果性评价

成果性评价由研学导师完成，以质性评价方式为主。

成果性评价表（略，参见第116页评价量表示例）

学习成果 》

依据研学旅行过程中的学习和探究结果撰写研究报告。研究报告可以打印后粘贴在此处。

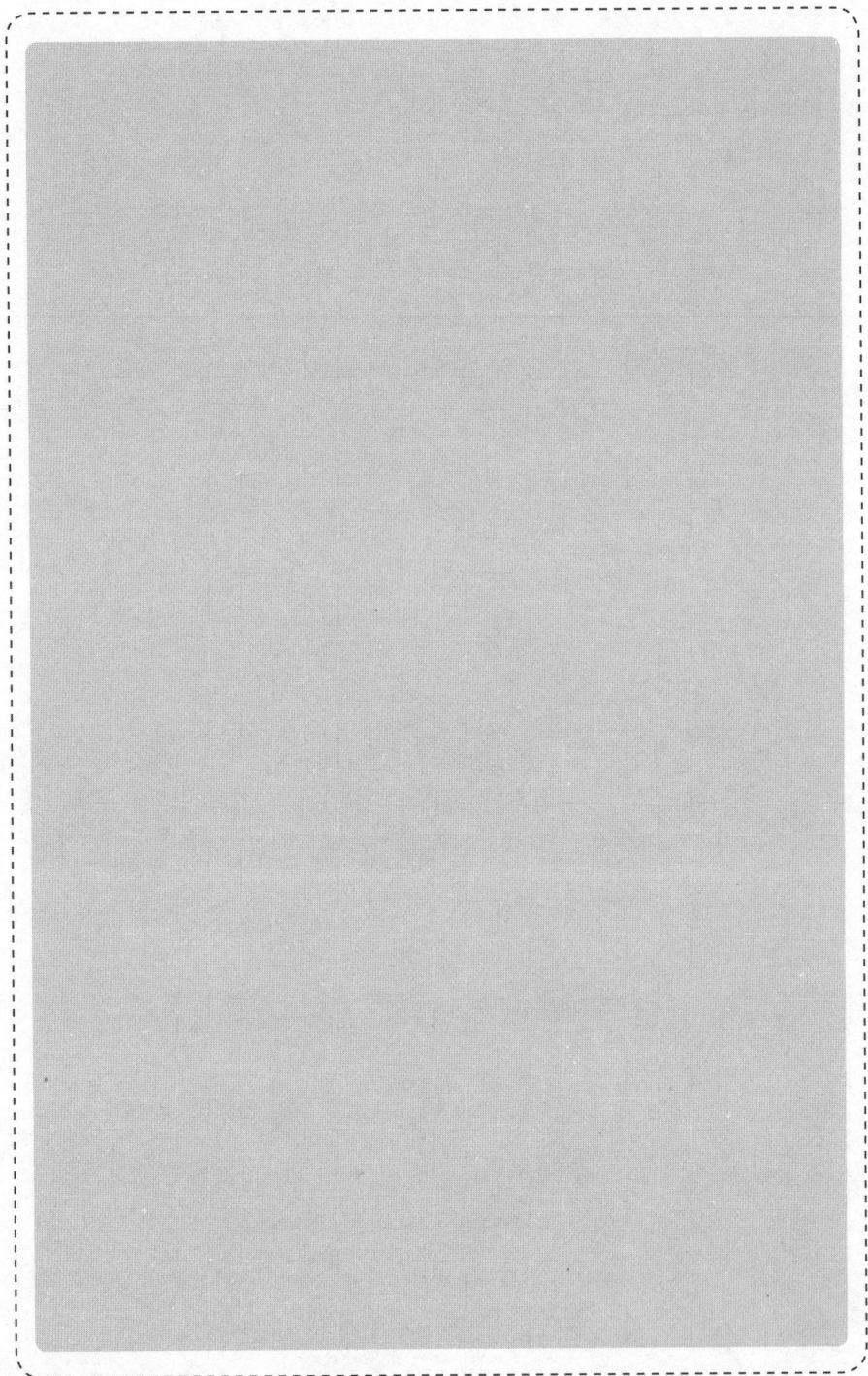

附 件 》

一、安全知识及安全应急预案

（一）安全注意事项

1. 记住带队老师的电话，听从安排，遭遇困难或紧急情况时，随时联系带队老师。

2. 未经带队老师许可，不得擅自离队。

3. 牢记集合时间和集合地点，不迟到。

4. 自我保护，主动远离危险区域。

5. 未经老师允许，不得擅自下海。

6. 乘车乘船时听从安排，遵守秩序，车辆行进期间不要离开座位，不得在船上随意走动。

7. 保管好自己随身携带的贵重物品和现金。

8. 绝不跟随陌生人离开团队，发现同伴离队，马上向带队老师报告。

（二）住宿注意事项

1. 带队老师分发房卡后，记住自己的房号及室友的联系电话，带好房卡，丢失要赔偿。

2. 记住老师的房号和电话。

3. 休息前，务必落实集合的准确时间和地点。

4. 检查房间内的设施是否可以正常使用，床单被褥是否干净。

5. 老师查房后，禁止串门，不要影响他人休息。

6. 入住安排的房间，不得自行调换。

7. 按规定时间就寝，熄灯后不打扰同伴。

8. 按规定时间起床，保证按时出行。

9. 退房时，千万记住检查自己所有的物品，防止遗忘。

（三）应急措施

● 防溺水安全知识

1. 严禁私自下海游泳，严禁跨越护栏捕捉鱼虾蟹贝。

2. 乘船时必须坐好，不要在船上乱跑，或在船舷边洗手、洗脚，尤其在乘坐小船时不要摇晃，也不要超重，以免小船侧翻或下沉。

3. 乘船时，一旦遇到特殊情况，一定要保持镇静，听从船上工作人员的指挥，不要轻率跳水。如果有人溺水，不要贸然下水营救。

4. 如果不慎滑落水中，应吸足气，拍打着水，大声地呼救，有人来救助的时候应该身体放松，让救助的人托住腰部。

5. 随身物品掉入水中时不要急着去捞，而应找专业人员来帮忙。

● 火灾应急避险

1. 发生火灾时要迅速逃生，不要贪恋财物。

2. 将衣服、被褥等浸湿，披在身上，从安全出口冲出去。

3. 已有浓烟时要牢记捂鼻、蹲下、手扶墙。

4. 如果身上着火，千万不要奔跑，可就地打滚或用厚重衣物压灭火苗。

5. 发生火灾时不可乘坐电梯，要从安全出口逃生。

● 集体踩踏事件应急避险

1. 在拥挤的人群中，尽量走在人流的边缘。

2. 发现拥挤的人群向自己行走的方向涌来时，应立即避到一旁，不要慌乱，避免摔倒。

3. 顺着人流走，切不可逆着人流方向前进，否则很容易被人流推倒。

4. 假如陷入拥挤的人流，一定要先站稳，身体不要倾斜以免失去重心，即使鞋子被踩掉，也不要弯腰捡鞋子或系鞋带。

5. 在人群骚动时，注意脚下，千万不能被绊倒，避免自己成为拥挤踩踏事件的诱发因素。

6. 发现自己面前的人突然摔倒时，要马上停下脚步，同时大声呼救，告知后面的人不要向前靠近，及时分流疏散拥挤人群。

二、行前物品备忘检查表

物品准备清单

证件

身份证/户口本	原件：请学员们随身携带并保管好自己的身份证或户口本原件，以备乘车及入住时检查。
	复印件：请每位学员自行准备一份身份证/户口本复印件，并交给老师。
	拍照留存：建议学员拍照留存一份身份证或户口本，以备不时之需。
学生证	有学生证的带好自己的学生证。

学习用品

中性笔	行程中要时刻准备一支中性笔。
研学手册	研学手册是重要的学习资料，过程性学习任务和作业均需要在研学手册上完成。

日常用品

洗漱用品	建议学员根据自己的习惯自带洗漱用品。
雨具	带好雨伞/雨衣等雨具，以便阴雨天气使用。
手机相机	如学员携带了手机或者相机等贵重物品，请妥善保管。
水杯	为方便学员喝热水，请自备水杯。

衣物

防晒衣	由于气温较高，紫外线较强，建议带好防晒衣。
运动鞋	由于每天都会有很多课程，运动量较大，建议学员穿舒适的运动鞋，并多带一双备用。
贴身衣物	建议学员多带2~3套贴身衣物，便于换洗。
收纳袋	由于部分课程时间较长，建议带2~3个衣物袋，以便行程中将脏衣服与干净衣物分开，保持个人卫生。
拖鞋/凉鞋	在海滩活动时需要防水的拖鞋或凉鞋。

药品

长期药品	有特殊病史的学员，如患有低血糖、哮喘、心脏病等，请带好自己长期服用的药品，并把自己的情况提前告知老师。
常备药品	每车都会准备晕车药、感冒药等常用药品。建议根据自己的情况自备一些常用药品，如腹泻用药、胃药以及跌打损伤药等。

其他

背包	建议学员每人带一个双肩背包，方便放置手机、相机、水杯、证件等私人物品。
现金	行程中的食、住、行没有额外费用，建议只带少量现金方便自己使用。

物品准备检查单

物品名称	是否准备	物品名称	是否准备
身份证/户口本		牙刷、牙膏	
学生证		纸巾、湿巾	
背包		毛巾	
手机		梳子	
相机		洗发水	
充电宝		香皂	
充电线		拖鞋	
钱包		运动鞋	
研学手册		袜子	
中性笔		换洗衣物	
日记本		收纳袋	
花露水		帽子	
水杯		雨具	
药品		防晒衣、防晒霜	

三、重要信息

1. 团队负责人及联系电话

职务	姓名	联系电话
带队老师		
指导教师		
指导教师		
指导教师		
辅 导 员		
司机		
紧急联系人		

2. 小组成员及联系电话

姓名	联系电话	姓名	联系电话

3. 相关医院信息

地点	医院名称	医院地址	联系电话

4.相关派出所信息

地点	派出所名称	派出所地址	联系电话

紧急联系人：

2. 研学旅行招标公告案例

山东省济南第一中学2018年高一年级
学生研学旅行项目招标公告

为贯彻落实教育部等11部门《关于推进中小学生研学旅行的意见》和《山东省推进中小学生研学旅行工作实施方案》以及济南市教育局《关于开展中小学生研学旅行工作》等相关文件精神，推动中学生社会实践活动的开展，让学生能在旅行的过程中陶冶情操、增长见识、体验不同的自然和人文环境、提高学习兴趣，全面提升学生综合素质，经学校行政办公会研究，决定在高一年级开展研学旅行活动。为规范学校的相关工作，本着公开、公平、公正的市场竞争原则，现对我校研学旅行活动进行公开邀标，邀请符合下列条件的研学旅行公司或旅行社参加投标。

一、招标要求及内容

（一）研学线路

线路1：山东省内四日研学之旅（需包含泰山、曲阜等）

线路2：北京五日研学之旅（需包含北大、清华等至少三所名校，以及故宫、长城等名胜古迹）

线路3：南京五日研学之旅（需包含南京大学或南京航空航天大学等名校一所、中山陵、南京大屠杀遇难同胞纪念馆、雨花台等）

线路4：西安五日研学之旅（需包含西安交大等名校一所、兵马俑、大雁塔、西安博物院等）

线路5：四川五日研学之旅（需包含四川大学等名校一所、四川博物院、大熊猫基地、都江堰、汶川地震纪念馆、杜甫草堂、宽窄巷子等）

线路6：丝绸之路五日研学之旅（需包含甘肃省博物馆、莫高窟、鸣沙山、月牙泉、嘉峪关、酒泉卫星发射中心、丹霞地质公园等）

线路7：欧洲十四日研学之旅（需含法国）

线路8：美国十四日研学之旅

（二）时间安排

2018年7月8日起

（三）投标研学旅行公司或旅行社资格和要求

1. 省市知名度和诚信度高的旅行社（3A级及以上）。注册资本金不少于100万元，员工不少于50人。投标线路7、线路8的机构需至少有4年开展境外交流活动的经验。

2. 必须有固定经营场所、专门服务于研学旅行的部门以及专职的研学旅行导游队伍（具有2年以上研学旅行操作经验）。在研学旅行活动中无不良记录。

3. 投保责任险保险额不低于60万元/人，旅游人身意外险保险额不低于25万元/人。

4. 在近三年内无重大质量投诉记录、不良记录、经济纠纷及安全责任事故。在以往开展业务的过程中，没有发生过任何涉及安全的问题；针对不同的研学课程，均有成熟可靠的风险规避预案，保证各种问题均有相应的解决措施；有制度和措施保证参与课程师生的人身、财产及交通等方面的安全。

5. 每车为济南一中安排2~3名教师（教师个人不承担费用）、不少于一名研学导师和一名随车医生。

（四）投标要求

1. 投标书应包含但并不限于以下内容：

（1）旅行社营业执照、经营许可证、旅行社责任险保单等材料复印件（所有复印件需加盖公章）。投标现场需出示证明材料原件以备核查。

（2）委托代理人授权书原件以及代理人身份证复印件及原件。

（3）2年以上研学旅行相关证明材料（开展学生研学旅行业绩证明材料）。

（4）研学旅行手册样本、完备的学生研学安全预案。

（5）各标段线路研学旅行方案及第一次报价；其他优惠措施等。

2. 需制作时间在5分钟以内的PPT线路研学方案介绍材料（每条线路分别制作），当场讲解演示。

3. 按线路设7个标段，可以全部报名参加，但每单位中标最多不超过3个标段。

4. 投标前每单位需递交10 000元投标保证金，中标后转为履约保证金。未中标单位其保证金在中标结束后7日内无息返还。

5. 投标书必须按线路标段编制，一标一书，一正一副，密封装订，并在密封处加盖公章，在封面注明投标单位和线路标段。投标书在招标现场当场开封。

（五）接待范围和标准

1. 交通：飞机、高铁、空调大巴；车辆营运手续完备，车况、车龄和安全性良好；司机车技优秀，经验丰富，综合素质高；需提供车辆年审合格证明等证明车况良好的相关材料；为确保安全，司机需具有5年以上驾驶大型客车经验，身体健康，心理素质好。

2. 住宿：准三星以上（或与其相当的）宾馆。2~3人标间，要求卫生条件好，无安全隐患。

3. 用餐：正餐30元/人，十人一桌、十菜一汤、荤素搭配。确保用餐环境干净、卫生，饮食安全。

4. 导游：全程陪同及当地导游服务。要求导游具有导游资质，责任心强，服务热情，熟知游览地的旅游景点。行程中播放的所有音乐、影视作品及导游讲解不得有任何低级庸俗的内容。

5. 保险：提供旅行社责任险及旅游人身意外险。

6. 全程不额外安排任何购物点及自费项目。

二、几点说明

1. 研学旅行方案设计应内容丰富、科学合理，贴合高中学生特点，并力争与济南一中"勤学致知、敦品励行"的学校文化相结合。

2. 本项目由学校评标委员会进行评标。采用两轮报价方式，综合考虑报价、方案、资质、优惠条件等各个方面进行评标，原则上考虑企业信誉好、保障程度高、操作经验丰富、行程安排合理、报价适中的单位中标。

3. 中标单位在中标后需与学校签署《安全承诺书》。

4. 中标单位需按照学校要求在规定时间内准备好中标线路推介材料，配合学校做好相关宣传，组织学生报名，与报名学生家长签订相关委托协议，收取相关费用。

5. 中标单位要严格按照招标文件载明的要求履行义务，若中标单位未能按规定的要求签约或执行，由此导致的一切后果由中标单位负全责。

6. 参加研学旅行的学生在研学旅行结束时对中标单位进行评价，评价结果将作为学校今后研学旅行招标的重要参考依据。

7. 有关时间安排

投标书递交截止时间：2018年4月12日17点

地点：济南市历城区二环东路999号　山东省济南第一中学政教处

联系电话：0531-××××××××、××××××××

议标时间：另行通知

议标流程：现场公布

8.特别约定

学校和中标单位共同拥有课程方案、研学旅行手册的知识产权。学校可以单独或授权第三方编辑、修改、使用课程方案和研学手册，将其作为课程案例用于宣传和出版工作。

山东省济南第一中学2018年研学旅行活动领导小组对此次招标事宜有最终解释权。

山东省济南第一中学

2018年4月3日

3. 研学旅行投标书样例

××××××学校研学旅行课程投标书

投标线路

行走威海——山东海洋文化之旅

××旅行社有限公司

目 录

公司简介

××旅行社有限责任公司是××旅行社集团有限责任公司旗下子公司，××旅行社集团有限责任公司创建于××××年，历经四十余年的发展，已成为全国大型旅行社集团企业之一，总部设在济南。目前已在全国设有100余家子公司。公司秉承"顾客至上，诚信为本，品质卓越"的经营理念，不断推进产品创新，诚信经营、开拓进取，积极履行企业社会责任，树立行业典范。公司营网络销、接待体系和管理模式日臻完善，已形成独特的综合优势，具备为国内外旅游者提供全方位综合服务的实力。

近年来，"××旅游"先后被评为"中国旅游知名品牌""全国百强旅行社""中国最具品牌价值的500家企业"。先后被山东省旅游局和国家旅游局评为5A级旅行社、山东省旅游标准化示范单位和全国旅游标准化示范单位。

放眼未来，××旅行社集团将以发展中国民族旅游业、满足人民群众日益增长的精神文化需求为己任，定位于成为我国最大的旅游及旅行综合服务商，引领中国旅游业走向辉煌。

营 业 执 照

（副 本）

1-1

统一社会信用代码 ███████████

名 称	███████████旅行社有限公司
类 型	有限责任公司（国有控股）
住 所	███████████
法定代表人	███████
注册资本	壹佰伍拾万元整
成立日期	2007 年 08 月 07 日
营业期限	2007 年 08 月 07 日至 2027 年 08 月 06 日
经营范围	入境旅游业务、国内旅游业务、出境旅游业务；国内航线除香港、澳门、台湾地区航线外的航空客运销售代理业务、国际航线或者香港、澳门、台湾地区航线的航空客运销售代理业务（以上项目均按许可证核准的范围期限经营）；会议服务；经济贸易咨询；工艺品开发、销售。（依法须经批准的项目，经相关部门批准后方可开展经营活动）

登记机关

2016 年 07 月 12 日

企业信用信息公示系统网址

中华人民共和国国家工商行政管理总局监制

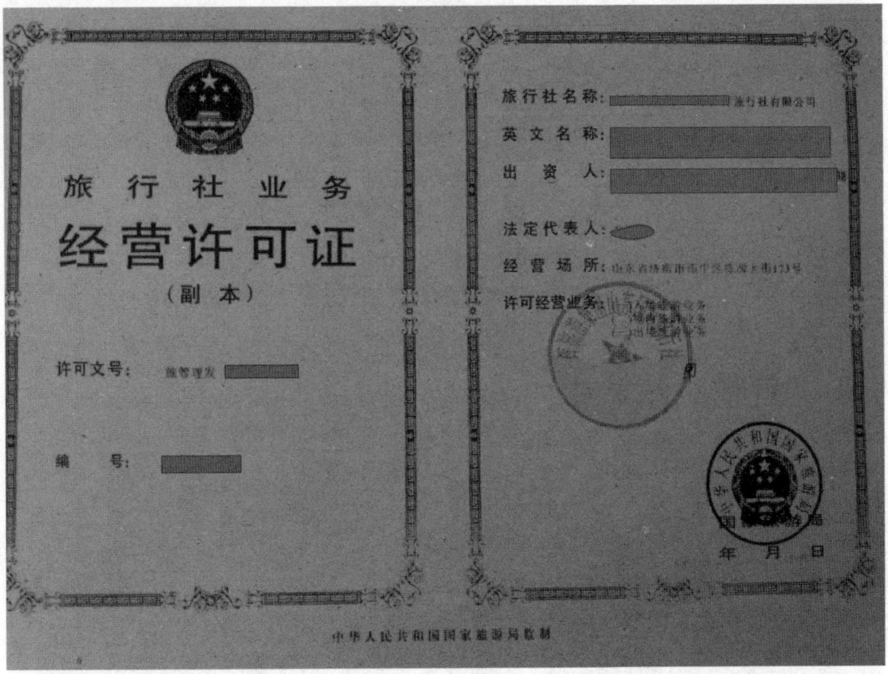

限在山东省销售

PICC 中国人民保险

中国人民财产保险股份有限公司

总公司设于北京 一九四九年创立

AEOTHA2013Z00

鲁 ▓▓▓▓▓▓

旅行社责任保险统保示范项目 保险单

37001700372253

保单号：PZFW2018Z7019400E00754

基于投保人已向本保险人投保旅行社责任保险统保示范项目，并按本保险合同约定支付保险费，保险人同意按照《旅行社责任保险统保示范项目条款》的约定承担保险责任，特立本保险单为凭。

投保人及被保险人信息

▓▓▓▓▓▓▓▓▓▓▓▓▓▓▓▓▓▓▓▓▓▓

旅游经营许可证号：L-SD-C1000TN 组织机构代码：30509333 0

是否具有出境游经营资格：□有出境游资格 □无出境游资格

旅行社风险管控联盟因子优惠比例《以旅游行政主管部门备案为准》：-0.10

是否设有下属非独立法人分社、服务网点：详见分社清单。

保障内容

责任限额类别	责任限额金额
每次事故责任限额及累计责任限额	每次事故责任限额：400,0000万元 累计责任限额：600,0000万元
每次游客每人项目限额	每次事故每人人身伤亡责任保险：80,0000万元 每人医疗费用责任减额：2,0000万元 每人精神损害责任限额：2,0000万元
财产损失责任限额	每次事故每人财产损失责任限额：2,0000万元
法律费用责任限额	每次事故赔偿责任限额的30%
无责救助费用责任限额	每次累计责任保额的10%
附加险	□紧急救援垫付费用责任保险 物次事故及累计责任保险：万元 □旅游证照保险责任保险 每次事故及累计责任保险：万元 □旅行社责任险保险责任保险 每次事故及累计责任限额：万元 □扩展恶意保险保证责任保险 每次事故及累计责任限额：万元 □统保金附加保险责任保险 每次事故赔偿累计责任限额：万元 每次事故每人死亡慰金责任限额为2万元人民币
免赔额	每次事故每人绝对免赔额为人民币200元（仅适用于基本险除游客的财产损失），其他损失无免赔额

保险费

总保费为：（大写）人民币 贰万贰仟肆佰伍拾叁元成捌陆分 ￥22,453.86元

保险期间

共12个月，自2018年01月01日零时起至2018年12月31日二十四时止。

追溯期

追溯期：2015年01月01日

特别约定

1、本保险合同未约定事项，以《旅行社责任保险统保示范产品底限协议》为准。

2、保险事故发生后，被保险人和受害方应提交的索赔材料详见旅行社责任保险统保示范产品底限协议条款第三十六条。

承保单位：中国人民财产保险股份有限公司济南市分公司泉城营业部

保险人联系地址：山东省济南市纬七路516号汇统大厦

邮政编码：250021 全国统一客户服务专线电话：400-616-118X 传真：▓▓▓▓▓▓▓▓▓

核保：UnderWrite 潮单：李萍 险办：齐莉

为了维护您的权益，请仔细阅读，核对本保险单的各项内容，并注意索阅所附贴的保险条款。

代理人：江泰保险经纪股份有限公司山东分公司 打印时间：2017-12-23 10:10:30;

第1联，共1页

委托授权书

致：××××中学

　　兹授权×××同志（身份证号：××××××××××××××××××）全权代表我公司参加贵校×××年××月高一年级学生研学旅行课程招投标工作。该代理人在本次招投标过程中的一切行为均代表本公司，本公司将承担该代理人行为的一切法律后果。

　　代理人无权转让委托权。

　　委托期限：×××年××月××日至：×××年××月××日

　　附：委托代理人身份证复印件

××旅行社有限责任公司（公章）

××××年××月××日

委托代理人身份证明

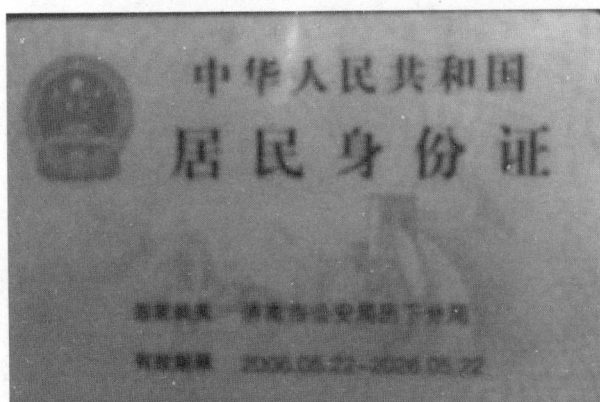

投标线路研学旅行手册
（略）

研学旅行从业业绩证明
（材料另附）

1. ××中学××××年"丝绸之路"研学之旅

2. ××小学××××年沂蒙老区三日研学之旅

3. ××学校××××年欧洲风情两周研学之旅

4. ××外国语学校××××年美国两周研学之旅

5. ××学校××××年四川七日研学之旅

4.研学旅行开标工作方案样例

××学校研学旅行课程招标开标工作方案

一、开标工作领导小组

组长：赵××

副组长：钱××

成员：孙××、李××、周××

二、开标工作小组及工作分工

组长：钱××

副组长：孙××

成员：武××、郑×、王×× ……

开标工作分工任务表

工作项目	工作内容	责任人	时间
接待服务			
安保			
会场布置			
文件签收			
投标人身份查验			
会议主持			

（续表）

工作项目	工作内容	责任人	时间
开标			
唱标			
会议记录			

三、开标时间、地点

开标时间：××××年××月××日上午9点

开标地点：××学校办公楼一楼第一会议室

四、开标会议议程

1. 投标文件签收

9：00～9：30在办公楼一楼大厅签收投标文件，并填写"投标文件报送签收一览表"。在9：30后递交的投标文件不得接收。在9：30前递交投标文件的投标人如果少于三家，招标无效，开标会即告结束。

2. 投标人代表签到

查验投标人授权代理人的身份证件，人、证和委托书信息必须一致；组织投标人授权代理人填写开标会签到表。

3. 开标会议开始

（1）主持人宣布开标会议开始，记录人按开标会议记录要求开始记录。

（2）主持人宣布开标人、唱标人、记录人名单，以及到会的招标人代表、招标代理机构代表、各投标人代表。

（3）主持人现场抽取投标人代表担任监督人员。

（4）主持人宣布开标会议程序。

（5）开标工作领导小组组长宣布开标会议纪律和当场废标的条件。

（6）确认投标人授权代表信息。

主持人宣布对投标人授权代表的身份证件、授权委托书的信息确认结果，核查各投标人出席开标会代表的人数。无关人员退场。

（7）主持人作招标情况说明。

主持人介绍招标文件的主要相关信息，强调主要条款和招标文件中的实质性要求，宣布在截标时间后送达的投标文件应当场作废。

（8）检查各投标书密封情况。

监督人、招标人和投标人的代表共同检查各投标书密封情况。密封不符合招标文件要求的投标文件应当场作废，不得进入评标。

（9）主持人宣布开标和唱标次序。

按投标书送达的时间顺序开标、唱标。开标人在监督人员及与会代表的监督下当众拆封，检查投标文件组成情况，并将需要唱标的文件交唱标人进行唱标。

（10）开标会议记录签字确认。

投标人授权代表在开标会议记录上签字确认。投标人如对开标有异议，应当场提出，招标人当场予以答复，并做好记录。

（11）送封闭评标区封存。

投标文件、开标会议记录等送封闭评标区封存。

（12）主持人宣布开标会议结束。

五、开标会议纪律

1. 与开标无关的人员不得进入开标会场。

2. 参加会议的所有人员应关闭手机、平板电脑等通信工具。

3. 开标期间遵守会议秩序，不得高声喧哗。

4. 投标人代表如有疑问应举手发言，与会人员未经主持人同意不得在场内随意走动。

5.场内严禁吸烟。

六、废标条件

投标文件有下列情形之一的，应当场宣布为废标：

1.逾期送达或未送达指定地点。

2.未按招标文件要求密封。

3.投标人法定代表人或授权委托人未参加开标会议，或者未能提供身份证明。

4.未按招标文件规定加盖单位公章和法定代表人（或授权人）的签字（或印鉴）。

5.未按招标公告要求准备投标文件，公告要求的主要材料缺失。

6.超出招标文件规定，违反国家有关规定。

7.投标人提供虚假资料。

5. 研学旅行评标工作方案样例

××学校研学旅行课程招标评标工作方案

一、评标工作领导小组

组长：赵××

副组长：钱××

成员：孙××、李××、周××

二、评标工作小组及工作分工

组长：钱××

副组长：孙××

成员：武××、郑×、王×× ……

评标工作分工任务表

工作项目	工作内容	责任人	时间
接待服务			
安保			
会场布置			
材料组			
保密组			

三、评标委员会

主任：1人，由一名研学旅行课程专家担任

成员：7人

评委会组成：研学旅行课程专家3人（含评委会主任），学校中层干部1人，教师代表1人，家长代表1人，学生代表1人

评标委员会名单在评标结果公布前保密。

四、资格审查和评标监督委员会

周××、李××、王××、家委会代表一人

五、评标时间、地点

评标时间：××××年××月××日上午9点

评标地点：××学校办公楼一楼第一会议室

六、评标准备工作

1. 物资准备。

办公设备及用品：打印机1台、电脑1台、A4纸2包、订书机3台、订书针3盒、中性笔10支、文件夹10个、大信封10个

招待物品：饮水机、桶装水、瓶装水、茶叶、水果、点心

2. 布置评标会议现场。

3. 打印整理评标室需要的招标文件，将所有投标文件放至评标室。

4. 制作打印评标所需的相关表格和文件。

七、评标会议议程

1. 闭门会议阶段

（1）评委进入评标室入座后，在监督人的监督下封闭评标室，收取并封存评委的通信工具。

（2）主持人宣布评标委员会主任和成员名单，介绍监督人员；工作人员就位。

（3）主持人宣读评审纪律。

（4）向评标委员会成员分发评标所需的相关文件。

（5）评标委员会主任主持会议，对招标公告进行研究，对招标方提供的评审方案和评标细则进行讨论修订，完善供评标使用的相应表格。两名监督人监督会议。

2. 资质审查

评标委员会闭门工作会议期间，由另外两名监督委员与现场抽取的投标人代表共同核验营业执照、经营许可证、旅行社责任险保单、授权委托书及受托代理人身份证。

3. 评审阶段

（1）主持人宣读评标程序及注意事项。

（2）监督委员会代表宣读招标现场纪律。

（3）监督委员会宣布资质审查结果。

（4）按照一线一段的方式，从线路1逐次开始评审。

① 由评标委员会成员当场宣布各投标单位的投标报价。

② 由投标单位代表向评标委员会介绍单位情况、业绩、研学旅行开展情况及线路课程设计情况（不超过5分钟）。

③ 评标委员会成员对投标单位进行有目的的问询。

④ 投标单位可再次现场报价。

⑤评标委员会成员对该线路投标单位进行评议打分，并统计分数。

⑥当场公布得分结果，确定该条线路的中标单位。

（5）评标委员会成员、监督委员会成员在评审结果上签字。

（6）主持人宣布评标结束，返还评委的通信工具。

八、退还未中标的投标人缴纳的招标保证金，中标投标人缴纳的招标保证金转为履约保证金。

九、中标单位与学校签署《研学旅行课程委托协议书》和《安全承诺书》。

附件：

1.资质审查表

2.评标评分表

1. 资质审查表

投标人	××旅行社	
分项	内容	查验结果
资质证明	旅行社营业执照、经营许可证、旅行社责任险保单、旅行社评级证书等材料原件及复印件（所有复印件需加盖公章）；委托代理人授权书原件以及代理人身份证原件和复印件（加盖单位公章）	
经营范围	投标旅行社必须具备独立组织境外旅游的资质（提交证明材料，限境外线路提供）	
从业经验	投标旅行社有组织中小学生国内旅游和境外旅游的经验（提交证明材料）	
审查结果	是否通过审查	
审查人	签字：	

2.评标评分表

投标人			××旅行社	
投标线路			××××××	
项目	内容	赋分	评分标准	得分
课程设计 (40分)	线路规划	10分	线路景点选择合理，符合线路学习主题。景点分布合理，行程时间规划科学。	
	课程目标	5分	课程目标设置形式规范，内容具体科学，具有可行性。	
	课程内容	5分	行前、行中、行后课程内容全面、丰富，主题鲜明。	
	课程实施	5分	教学方法选择合理，学习方式选择合理。	
	课程评价	5分	课程评价方案科学合理，具有可操作性；评价量表实用。	
	课程保障	10分	安全保障措施全面、科学有效，包含安全注意事项和安全应急预案。	
服务标准 (30分)	交通	5分	出行方式的选择科学，交通工具舒适，安全标准明确。	
	住宿	7分	住宿承诺符合要求：准三星以上（或与其相当的）宾馆。2~3人标间，要求卫生条件好，无安全隐患。	
	用餐	8分	用餐标准符合要求：正餐30元/人，十人一桌、十菜一汤、荤素搭配。确保用餐环境干净、卫生，饮食安全。用餐安排体现当地饮食文化特色。	
	导师团队	5分	研学导师团队组成符合要求，包括研学导师、安全员、队医。	
	禁止性承诺	5分	旅行社承诺全程不额外安排任何购物及自费项目。	

（续表）

投标人	×× 旅行社				
投标线路	××××××				
项目	内容	赋分	评分标准		得分
从业业绩 （10分）	案例数量	5分	每个研学旅行案例1分，观光游案例不得分，总分不超过5分。		
	案例水平	5分	依据案例的设计与实施水平合理赋分。		
报价 （20分）		20分	与标底价格误差每增加10%扣5分。		
评审总得分					
评委	签字：				

后　记

教育部等11部门2016年11月30日发布《关于推进中小学生研学旅行的意见》以来，各地也相继出台了实施意见，中小学研学旅行工作迅速推进，蓬勃发展。但是也不容回避，研学旅行作为一种新的中小学校外实践教育课程，无论从理论研究还是课程实践方面，都缺乏标准和规范，所以导致当前的研学旅行工作现状不尽如人意。各中小学、旅行社等研学旅行从业机构和从业人员也缺乏可以参考的理论与技术的专业文献。

当前研学旅行课程比较突出的问题是：第一，研学旅行从业机构和从业人员对国家研学旅行政策的理解、把握和执行力度不够，在实际工作中不能全面落实有关政策要求；第二，研学旅行工作规范管理机制尚未建立，研学旅行工作实践还很不规范；第三，研学旅行课程设计不够专业，缺乏教育规范，课程目标不明确，课程内容不合理，课程评价不科学；第四，研学旅行的课程实施过程不规范，行前课程、行中课程、行后课程不完整，实施过程不严谨，安全风险不可控。

在工作实践中发现，研学旅行从业人员迫切希望对研学旅行实践过程中遇到的各类问题能够迅速得到帮助，找到应对的方法和参考依据。希望能够有一本工具书，最好能够像词典一样，遇到什么问题可以迅速地检索和查找。

为了解决广大研学旅行从业人员所面临的困难，满足他们在工作中解决问题的需要，我们梳理了研学旅行工作中经常遇到的100个问题，编写了这本《研学旅行工作实务100问》，希望能够对广大同行提供帮助。

本书共四编十六章。第一编为研学旅行政策解读，从国家政策和地方政策两个层面进行了政策解读。第二编为研学旅行工作规范，主要就研学旅行工作中的管理制度建设、招投标和相关的合同与协议涉及的相关问题进行了阐述。第三编为研学旅行课程设计规范，主要就研学旅行课程的相关概念、课程开发的原则与流程、课程设计要素的把握和研学旅行手册编制中可能遇到的问题进行了回答。第四编为研学旅行课程实施规范，从研学旅行的行前课程、行中课程和行后课程三个课程阶段，对实施过程中可能遇到的问题进行了解析。读者可以在工作中根据问题所属的范围检索问题的答案。

本书的创作得到了山东省精品旅游促进会研学旅行专业委员会、山东新华书店集团、山东省书香研学旅行社的大力支持。中共山东省委原副秘书长、山东省精品旅游促进会专家咨询委员会主任杜文彬先生在百忙之中欣然为本书作序，是对我们莫大的鼓励，在此表示衷心的感谢！山东省精品旅游促进会研学旅行专业委员会主任冯维国先生对本书的写作给予了有力的支持和帮助，山东新华书店集团总经理彭忠喜先生对本书的策划提供了宝贵的建议，山东教育出版社副总编辑范增民先生、责任编辑刘世贵老师为本书的出版付出了辛苦的劳动，在此一并表示感谢！

由于时间仓促，作者水平有限，书中难免存在不当之处，敬请广大读者批评指正。

2019年8月